나는 나에게
가장 좋은 사람이
되기로 했다

나는 나에게
가장 좋은 사람이
되기로 했다

남에게 다정하고
나에겐 매정했던
당신에게

김선경 지음

들어가는 글	이 세상에서 가장 소중한 사람은 나

"세상이 나를 환영하는 것 같았어요. 세상의 빛이 환해졌어요."

내담자 H가 한 말입니다. 상담을 마치고 건물을 나서는데 갑자기 그런 기분이 들었다고 합니다. H는 아무리 열심히 살아도 삶이 나아지기는커녕 매일같이 끝이 보이지 않는 어두운 터널을 걷는 것 같다며 저를 찾아왔습니다. 직장은 그만둘지 말지 고민이고, 친구들이나 동료와도 멀어졌으며, 가족에게도 지쳐서 다 떠나고 싶은 마음이 간절했어요.

H는 주변에 있는 모든 사람에게 정성을 쏟았습니다. 좋은 사람으로 남고 싶은 소망, 미움받는 것에 대한 두려움, 과거의 상처, 주변에서 자신에게 거는 기대가 마음속에 가득해서 오랫동안 타인을 위한 삶을 살았습니다. 다른 사람들의 인정과 사랑에 목매고, 평판에 신경 쓰느라 늘 포장하고 가면을 쓴 채로 살았어요. 그러면서 차츰 자신을 잊어갔습니다.

상담을 통해 H는 그동안 자신을 외면하면서 '가짜 나'로 살아왔다는 것을 깨달았습니다. 차츰 삶의 중심을 자신에게 두고, 자신을 사랑하는 태도를 길러 나갔습니다. 그러자 세상도 함께 자신을 아껴 준다는 생각이 든다고 했습니다. 이전에는 사람들이 자기를 무시하고 거부한다고 토로했었거든요. '세상이 환영한다는 느낌'은 자신에 대한 사랑을 회복하면서 서서히 나타났습니다. 이후로 H의 삶은 평온해졌습니다. 자신과도 타인과도 잘 지내는 사람이 되었습니다.

자신을 외면하고 타인을 중심에 두는 모습은 우리 모두에게 조금씩 있습니다. 우리는 자주 휘청이고 넘어집니다. 그럼에도 불구하고 건강한 대인관계를 맺는 비결은 나와 내 삶을 돌아보고, 나를 소중히 대하는 마음가짐에 있습니다.

저는 H가 만난 '환한 빛이 있는 삶'을 많은 분과 나누고 싶어서 이 책을 쓰기 시작했습니다. 먼저 지금까지 최선을 다해 노력하면서 살아온 당신의 수고에 칭찬과 위로를 전합니다. 고생 많으셨어요. 당신은 노력은 언제나 빛날 겁니다. 하지만 지금까지 해 왔던 노력의 일부를 자신에게 기울이길 권합니다. 나를 소중히 여기면서 살아가는 법을 배우면, 자칫 빛을 잃을 뻔한 노력이 환하게 빛을 발할 거예요. 당신의 수고가 더 빛날 겁니다.

이 책은 지친 마음을 회복하고 스스로를 사랑하는 방법에 대해 담고 있습니다.

1장은 인간관계가 힘든 이유를 탐색할 수 있도록 돕습니다. 관계에서 나타나는 인간의 기본적인 특성을 담았어요. 관계의 어려움에 빠져들 수밖에 없는 경향을 통찰함으로써 자신을 깊이 이해하고 공감할 수 있습니다.

2장은 '늘 좋은 사람으로 남으려는 나'에 대해 기술했습니다. 이러한 태도를 가지게 된 배경과 경험에 대해 살펴보며 새로운 방향으로 생각하고 나아갈 수 있도록 돕습니다. 진짜 원하는 삶이 무엇인지 동기를 발견할 수 있습니다.

3장은 관계 속에서 생기는 상처를 돌아보고 마음을 회복하는 방법을 이야기합니다. 사람들을 대할 때 내가 부딪혀 온 한계를 짚어 보며 나 자신을 이해하고 관계에 대한 마음가짐을 바꿀 수 있습니다.

4장은 타인 중심의 삶에서 나를 중심으로 한 삶으로 향하는 방안을 제시합니다. 좋은 사람으로 살아가기 위해서 내가 놓쳤던 것들을 되찾는 작업을 함께합니다.

5장은 '나에게 좋은 사람이 되겠다는 결심'을 굳건히 합니다.

구체적인 행동과 태도, 실천 가능한 방법을 통해 그 누구보다 나를 아끼고 존중하는 태도를 형성하고 자기를 회복할 수 있습니다.

책의 내용에는 실제 상담에서 다루고 사용하는 방법이 들어 있습니다. 어린 시절, 가족 관계, 이전의 경험이 어떻게 현재의 상처에 영향을 미치는지 다루었습니다. 제 경험과 다양한 사례를 통해 이해할 수 있도록 기술했습니다. 사례 속 인물은 여러 비슷한 분들의 이야기를 섞었습니다. 책에 등장하는 사례를 자신에게 적용하고 비교해 보세요. 그동안의 나의 모습이 이해되면서 새로운 마음이 열릴 겁니다.

이 글은 낙엽이 거리를 뒹구는 계절에서 시작해서, 폭설이 내리는 겨울, 세상 가득 꽃이 만발한 봄을 지나, 뜨거운 여름에 마무리하게 되었습니다. 발길 닿는 대로 카페에서, 도서관에서, 공원에서, 집에서 썼습니다. 하고 싶은 말은 많은데 정리가 어려울 때는 여기저기 돌아다녔어요. 돌아다니면서 마음은 늘 하나였어요. 여러 가지 이유로 상담받지 못하더라도 많은 분이 행복의 길을 걷기를, 자신을 더 사랑하는 힘을 갖길 바랐습니다.

계절은 인생의 모습과 같아요. 혹독한 겨울은 곧 따스한 봄을 앞두고 있지요. 삶에서 어려움이 있다면 좌절하지 말고, 자신을 믿어 보세요. 겨울 땅이 봄에 움틀 씨앗을 품고 있듯, 내 안에도 새로운 회복의 힘이 있습니다. 어두운 터널에서 나를 환영하는 밝은 빛이 있는 세상으로 향하는 여정에 당신을 초대합니다.

환한 빛이 스며드는 창가에서
김선경

차례

들어가는 글 이 세상에서 가장 소중한 사람은 나   4

✷ 1장 우리는 왜 관계가 힘들까?

상처의 뿌리를 찾아서	17
내 안의 감정이 나를 방해한다	24
회피하는 마음 저편에는 상처가 있다	28
갈등을 피할수록 또 다른 감정이 누적된다	34
나를 믿지 못하는 마음이 관계 속 오해를 만든다	40
적당한 거리를 지키는 것이 존중하는 관계의 비결	46
서로에 대한 기대가 갈등의 불씨가 된다면	52
자신을 제대로 이해할 때 타인을 이해할 수 있다	58

✷ 2장 늘 좋은 사람일 필요는 없다

세상과 자신을 믿지 못할수록 사랑에 절박해진다	67
'착한 마음'이 나를 옭아맬 때	72
인정욕구를 내려놓으면 삶이 좀 더 가벼워진다	77
좋은 사람 콤플렉스는 생존본능이다	81
다른 사람의 기분보다 나의 진심이 먼저다	86
사랑받고 싶어서 쓴 가면이 나를 지운다	92
나의 희생으로 남들의 행복을 바라던 마음에게	97
끝없는 헌신, 내 마음은 부러져 간다	102
과도한 배려심 대신 '나'라는 중심축을 다시 세우자	107

✷ 3장 관계 속 내 상처의 시그널 읽는 법

'아는 것이 힘'이라는 말은 나에게도 적용된다	115
'나에게 질문하기' 모호한 감정을 밝혀 주는 습관	120

부족해도 괜찮다는 생각이 마음을 해방시킨다 126
나는 거절 민감성이 높은 사람일까? 130
거절, 내 존재에 대한 거부가 아니다 135
관계의 패턴에서 발견할 수 있는 나의 상처 141
'내가 널 잘 알아'라고 하는 순간, 관계에 균열이 생긴다 148
서로 다른 감정의 파고를 이해하자 153

✳ 4장 삶의 초점을 '나'에게 맞춘다

나를 힘들게 하는 감정에 이름 붙이기 161
있는 그대로의 나를 볼 줄 아는 용기 166
습관처럼 미안해하지 말고 내 마음속 신호에 집중하자 170
상처받고 넘어지더라도 일어서면 그만 176
할 수 있는 것과 없는 것을 구분하자 182
내가 미워하는 것도 나의 일부다 188

나에게 관대해야 하는 순간   193
나를 사랑하지 않으면 남에게 갈구하게 된다   198
나만의 안전기지 만들기   203

✷ 5장 나에게 좋은 사람이 되기로 했다

온전한 나로 돌아가기   211
나에게 너그러워지자   216
내 목소리를 외면했던 지난날에 안녕을 고하다   219
세상이 아닌 나를 중심으로 삶의 방식을 조율하자   225
나를 가장 귀하게 대할 수 있는 사람은 바로 '나'   230
행복의 시작점은 나에게 있다   235
자신과 타인의 사랑으로 나의 삶을 물들이자   239
매 순간 나부터 사랑하겠다는 결심   242

참고 문헌   247

1장

우리는 왜 관계가 힘들까?

상처의
뿌리를 찾아서

선명한 기억이 하나 있습니다. 문 하나를 물끄러미 바라보던 기억이에요. 어릴 적 저는 부모님과 할머니, 오빠와 같이 살았어요. 할머니는 온 동네에 소문이 날 정도로 무서운 분이었어요. 동네에서 할머니를 두려워하지 않은 사람이 없을 정도였죠. 그중에서 제가 할머니를 가장 무서워하지 않았을까 생각해요.

할머니는 어려운 환경 속에서 아버지를 너끈히 키워낸 훌륭한 분입니다. 그리고 그 시절 사람답게 아들을 정말 귀하게 여기셨어요. 딸인 제가 할머니의 눈에 찰 일이 없었습니다. 할머니는 저를 정말 싫어하셨어요. 필요 없는 아이가 태어났다고 생각하신 듯해요. 매서운 눈초리로 차갑게 대하셨습니다.

제 머리로는 도저히 이해하기 힘든 부분이 하나 있습니다. 저뿐 아니라 제 이야기를 들은 모두가 의아해합니다. 할머니에게 아들이 귀한 것이야 어쩔 수 없다지만 오빠가 있었거든요. 이 이야기를 하면 다들 "오빠가 있었잖아. 아들이 있었는데, 왜?"라고 물어봅니다. 모든 사람이 물어와도 답할 도리가 없었어요. 할머니의 마음을 저는 모르니까요.

부모님이 집에 계시지 않을 때 오빠는 할머니와 방 안에 같이 있는데 저는 함께 할 사람이 없었습니다. 저는 방 안에 들어가고 싶은 마음에 물끄러미 방문을 바라보았습니다. 제가 서 있던 마당과 방문까지의 거리가 얼마나 되었을까요? 길어야 5미터쯤? 그 5미터가 저에게는 먼 외국 같았어요.

혼자 상상했습니다. 문 안의 세상에 대해서 말이죠. 달콤하고 맛있는 먹거리가 있을 거고, 포근한 이불도 있겠죠. 인자하신 할머니의 따뜻한 목소리와 눈빛도 있을 겁니다. 문틈으로 새어 나오는 빛마저 '따뜻하겠구나' 하고 상상했어요. 오빠는 그 좋은 걸 다 가진 사람 같았습니다. 오빠가 참 부러웠어요.

오빠는 부자 같았죠. 지금 생각해 보면 오빠도 어쩌면 저랑 놀고 싶었을지도 모르겠어요. 어른보다는 어린애들끼리 놀고 싶지 않았을까요?

지난 시간을 떠올려 보면, 저는 그때부터 투명한 문 하나를 가지고 다니지 않았나 싶습니다. 스스로 선뜻 열 수 없는 문. 살짝 다가가기조차 주저되는 문이요. 이 문은 살면서 제가 뭔가를 시도하거나 누군가에게 다가가려고 할 때 저를 가로막았어요. 문을 열면 나를 거절하는 할머니의 눈빛과 목소리가 들릴까 봐 겁이 났습니다. 그래서 종종 그냥 포기해 버렸습니다.

오래된 뇌와 새로운 뇌

얼핏 생각하면 이해되지 않습니다. 어른이 되어서까지 문을 하나 달고 다녔다기에는 너무 어릴 적 일이잖아요. 할머니는 10살 때 돌아가셨습니다. 오랫동안 편찮으셨기 때문에 이 기억은 최소한 5살 이전의 기억이죠.

세계적으로 유명한 커플 치료의 대가 하빌 헨드릭스와 헬렌 라켈리 헌트는 부부이면서 연구를 함께 한 동료입니다. 커플들의 갈등을 해결하기에 아주 유용한 '이마고 치료법'을 개

발했습니다.[1]

커플 치료를 하면 어린 시절을 다룰 수밖에 없습니다. 대부분의 갈등은 어릴 적 경험이 반복되는 경우가 많거든요.

이를 설명하기 위해서 이들 부부는 우리의 뇌를 '오래된 뇌'와 '새로운 뇌'라고 구분해서 명명했습니다. 오래된 뇌에는 분명하진 않아도 중요한 경험들이 축적되어 있습니다. 가령 저의 어릴 적 할머니에 대한 기억과 두려움 같은 것들을 담고 있습니다. 새로운 뇌는 지금 내가 사는 현실의 환경에 맞춰 생각하고 판단을 내립니다. 인간의 이성을 담당한다고 보면 됩니다. 오래된 뇌와 새로운 뇌는 서로 정보를 주고받는데, 새로운 뇌가 현실을 잘 고려해서 판단을 하려고 할 때 오래된 뇌가 자꾸 방해를 하기도 합니다. 제가 누군가한테 다가가려 하면 오래된 뇌가 경보등을 작동합니다.

"위험해! 가지 마! 가면 너를 노려볼 거야! 너를 거절한단 말이야!"

오래된 뇌가 경고등을 울리면 시도를 위한 제 발걸음은 멈칫하게 됩니다. 그러면서 온갖 걱정이 밀려오기 시작해요. 이제 마음은 큰 혼란을 겪습니다.

"해? 말아?"
"대체 뭐가 좋은지 모르겠어."

오래된 뇌와 새로운 뇌가 충돌하며 해 보고 싶다가도, 두려워서 피하고 싶어집니다. 오래된 뇌는 좋은 경험이 많을수록 새로운 뇌에 힘을 실어 줍니다. 부정적인 경험이 많으면 오래된 뇌가 괴로워하면서 새로운 뇌가 잘 판단하게끔 내버려두지 않죠.

예를 하나 들어보겠습니다. 오랜만에 친구한테 만나자는 연락이 왔어요. 그러면 만나자는 청을 환영해야 할지 거절해야 할지에 관한 판단이 필요합니다.

먼저 오래된 뇌가 지난 경험을 검열합니다. 검열 결과, 만나서 항상 즐거웠다면 경고등을 울리지 않고 새로운 뇌에 '안전하다'라는 신호를 보냅니다. 기분 좋게 약속을 잡겠죠.

반대로 항상 나를 무시하고 깔보는 경험이 탐색이 되었다면 경고등을 울려 만남을 선뜻 수락하기 어려울 거예요. 이렇게 지난 경험은 앞으로의 행동에 영향을 줍니다. 제가 늘 들고 다녔던 문처럼 말이죠.

오래된 뇌는 우리를 보호한다

제 오래된 뇌는 도대체 무엇 때문에 문을 붙들고 있었던 걸까요? 저를 보호하기 위해서였습니다. 오래된 뇌의 목적은 이성적 판단이 아닙니다. 오직 보호가 목적입니다. 그러니 경험이 좋으면 경고등을 해제하고, 기억이 좋지 않으면 세게 울려대는 거죠. 두려움은 오래된 뇌가 우리를 안전한 공간에 두기 위해 만들어낸 전략이라고 할 수 있습니다. 오래된 뇌는 본능을 담당하기도 하거든요. 본능 중 가장 강력한 본능인 생존본능까지도 해당합니다.

할머니와의 경험은 저한테 워낙 강렬하다 보니 제 삶에 영향을 많이 미쳤습니다. 예전의 저는 무엇 하나 손에 넣으려 하지 않았어요. 물질도, 사람도요. 방문 손잡이를 미처 잡지 못했듯이 미리 포기하고 말았어요. 일찌감치 포기해 버리는 삶은 저를 괴롭게 했어요. 제가 상담심리를 공부하기 시작한 이유이기도 합니다.

상담심리 공부하면서 제 마음속을 현미경으로 관찰하듯이

세밀하게 구석구석 들여다보았습니다. 오래된 뇌가 담고 있는 내용들을 가장 열심히 관찰했어요. 그리고 차츰 깨달았습니다. 저를 그토록 지키고 싶었던 오래된 뇌가 새로운 뇌가 제공하는 정보를 받아들이지 않고 저를 많은 착각 속에 살도록 조장했더라고요. 이 착각이 두려움과 같은 감정을 강화했다는 것을 알게 되었습니다.

이러한 착각이 감정과 생각, 행동에 영향을 미쳐 관계를 어렵게 만듭니다. 다른 사람과의 관계에서 상처받는다고 느끼도록 만드는 원인이기도 합니다.

내 안의 감정이
나를 방해한다

    할머니께 차별과 존재에 대한 거절을 받은 저는 어떤 감정을 가졌을까요? 가장 큰 감정은 두려움과 공포였습니다. 5년 전까지 저는 필요한 경우가 아니면 어르신들에게 다가가지 않았습니다. 지하철에서 어르신이 서 계시면 자리를 양보하는 척 자리를 피했습니다. 단지 가까운 공간에 있는 것만으로 불편하고 싫었어요. 어르신들에게만 이런 것이 아니고 누군가한테 다가가려고 할 때도 거절당할지도 모른다는 두려움과 공포가 먼저 떠올라 갈등이 심했습니다.

우리는 학교나 직장, 모임, 수많은 공간 속에서 다양한 사람들을 만나고 무리를 짓습니다. 사람이 살아가는 방식 중의 하나죠. 새로운 곳에 가면 가장 먼저 신경을 쓰는 부분은 '누구와 친하게 지낼까?'일 겁니다. 누군가와 친해져야 그곳에서 적응하고 즐겁게 지낼 수 있으니까요.

나와 함께 할 수 있는 좋은 사람, 마음에 드는 사람을 찾으려고 두리번거립니다. 괜찮은 친구들은 항상 있었습니다. 두려움의 문을 지닌 저 같은 사람들은 주변에서 먼저 다가와 주길 바랍니다. 마음속 눈은 사람을 찾느라 두리번거리면서도 겉으로는 뭔가 바쁜 척합니다.

이상한 일입니다. 먼저 다가가도 되는데 왠지 엉덩이는 의자에서 일어날 줄을 모릅니다. 속으로 이런 생각을 했어요.

'왠지 말을 안 들어줄 것 같아.'
'내 이야기는 재미없겠지? 재미없는 이야기를 하는 나를 좋아하지 않을 거야.'
'자기들끼리만 지내고 싶을 텐데 괜히 내가 끼어드는 건 아닐까? 방해하지 말자.'

엄청난 갈등이 마음속에서 요동쳤습니다. 그래도 적응해야 했고 사람들과 함께 하는 시간이 즐거웠기에 열심히 관계를 맺어 나갔습니다. 물론 다가오는 사람도 있고 제가 다가가는 사람도 있었습니다. 관계를 맺어가면서 혹시 내가 상대에게 방해가 되지는 않을지, 실수하지는 않았는지, 나를 불편해하지는 않는지 끊임없이 살폈습니다. 그러니 관계가 편할 리가 만무합니다. 사람들은 제가 이런 생각을 하고 있는지 전혀 몰랐습니다. 혼자서 속앓이했을 뿐입니다.

두려움은 다른 다양한 감정과 연결된다

불편한 감정이 올라오면 우리는 어떻게든 해소하려고 합니다. 방법은 다양합니다. 피하기, 맞서기, 잊어버리기, 기분 좋은 생각으로 대치하기 등 아주 많습니다. 그리고 '자신 탓하기' 또한 흔히 사용하는 방법입니다.

나를 탓하는 생각을 자기 비난이라 하고, 따라오는 감정을 죄책감이라고 할 수 있습니다. 자기 비난과 죄책감은 사람들과 관계를 맺을 때 또 등장합니다. 선뜻 다가가지 못하는 자신이 바보 같고, 다른 사람에게 민폐를 끼쳤다는 생각에 자책하고 죄책감을 가집니다. 이런 자책과 죄책감은 또다시 사람들에게 다가가는 행동을 멈칫하게 만들고, 관계에서 잘못한 것은 없는지 돌이켜 생각하게 합니다.

회피하는 마음 저편에는
상처가 있다

어두운 생각, 수치심, 악의,
문간에서 이들을 웃으며 맞이하고
안으로 들어오라고 청하라.
어떤 이가 오든 감사히 여겨라.
저마다 저 너머의 손길에 의해
여기로 보내진 것이다.

불편한 감정이 올라왔을 때 우리는 어떻게 할까요? 13세기 페르시아의 시인이었던 잘랄루딘 루미는 예기치 않은 손님처럼 찾아오는 감정을 모두 환영하고 대접하라고 했습니다. 불편한 감정을 잘 처리하면 마음이 편해지고, 같은 상황이 다시 펼쳐지더라도 더 이상 감정에 휘둘리지 않는다는 점을 시를 통해 우리에게 알려 주고자 하였습니다.

한편, 생각해 볼 일입니다. 나를 괴롭히는 감정이 올라왔을 때 그 감정과 담담히 대면하고 처리하는 경우가 얼마나 될까요? 생각보다 쉽지 않습니다. 불편한 감정을 만난다는 자체가 상당히 괴로운 일이니까요.

저는 성장하면서 친구들에게 할머니 이야기를 참 많이 하고 다녔습니다. 얼마나 나를 미워하고 차별했는가에 대해서 말이죠. 하지만 당시에는 할머니에 대한 어떤 감정이 내면에 있어서 저를 괴롭게 하는지는 잘 몰랐습니다. 시간이 지나서 그것이 할머니에 대한 원망이었다는 것을 깨달았습니다. 마음속 원망과 미움을 털어 내려던 저만의 방법이었던 거죠.

그리고 삶에서 얼마나 많은 부분을 방해받았는가에 대해서도 차츰 이해할 수 있었습니다. 할머니의 매서운 시선을 받았던 저는, 사람들이 저를 좋아할 리가 없다고 생각해서 간혹 그

순수한 마음을 오해했어요. 또, 차마 열지 못했던 할머니 방문으로 인해 소속감을 가지거나 무리 속에서 적응하기 어려웠습니다. 할머니의 사랑을 가질 수 없었기에 포기를 배워 버려서, 무엇 하나 손에 쥐려 하지 않았으니 성취에도 문제가 생겼습니다.

사람들은 회피 전략을 쉽게 사용한다

그때 제가 방문을 활짝 열어젖혔다면 삶은 조금 달라졌을 겁니다. 할머니에게 왜 오빠와 차별하는지 당당하게 따져 물었다면, 아무 잘못도 없는 아이를 왜 그리 냉정하게 대하는지 물었다면, 저를 가로막는 문이 인생에 없었을지도 모릅니다.

어린 저는 그렇게 하지 못했어요. 방문을 물끄러미 바라볼 뿐 방 안에 들어가고 싶은 마음을 애써 외면했습니다. 저도 예뻐해달라고 말하고 싶었지만 참고 꿀꺽 삼켰습니다. 자신의 마음 외면하기, 말 삼켜 버리기 등은 사람들이 괴로운 감정을 해소하기 위해 흔히 사용하는 회피 전략입니다.

우리는 힘겨울 때 다양한 회피 전략을 사용합니다. 친구에게 말을 걸고 싶을 때 '괜찮아, 할 일이 많아'라고 스스로 위로

하고 분주하게 다른 일에 몰두하면서, 친구에게 다가가서 말을 걸고 싶은 마음을 회피합니다.

뭔가 화가 나거나 짜증 나는 일이 있을 때 상대에게 말해서 해결하기보다는 자신을 채찍질합니다. 그러면서도 내가 바빠서 정신이 없을 때 친구가 도움을 요청하면 거절하지 못합니다. 친구가 기분 나빠할까 봐 자신이 얼마나 바쁜가에 대해 설명하는 과정을 피해 버립니다.

당장 불편함에서 벗어날 수 있는 가장 손쉬운 방법으로 회피를 선택합니다. 피해 버리고 말면 순간적으로 마음이 편안해집니다. 다가가고 싶지만 거절당할지도 모른다는 두려움을 잊어버릴 수 있습니다.

하지만 순간적인 안도가 주는 속임수일 뿐이지요. 제가 늘 짊어지고 다녔던 문은 할머니가 제게 준 것이 아니었습니다. 할머니에 대한 두려움을 피하고자 스스로 만든 문이죠. 세상 사람들이 할머니처럼 차갑게 대하고 무서운 눈으로 바라볼까 봐 겁이 나서 자신을 지키기 위해 만들어낸 것입니다.

웃으며 감정을 맞이하자

상담심리사가 되는 수련 과정에서 가장 중요한 부분은 내면을 들여다보는 일입니다. 자신 안에 있는 고통의 실체를 잘 알아야 합니다. 그리고 극복하는 과정을 거쳐서 괴로웠던 일들에 더 이상 방해받지 않을 때 다른 사람을 상담할 수 있습니다.

저는 끊임없이 저를 들여다보았습니다. 5살 아이가 경험했던 감정들과 마주했습니다. 끝도 없는 무서움, 죄책감, 자책감, 수치심, 열등감, 주저함을 짚어 보면서 그 감정들이 왜곡되었다고 스스로에게 알려 주는 시간을 가졌습니다.

'너는 쓸데없이 태어난 아이가 아니야! 태어난 것은 잘못이 아니야.'

'너는 그 문을 당당하게 열어도 되는 괜찮은 아이였어.'

5살 아이는 세상에 대한 무서움이 너무 강렬해서, 쉽게 제 설득을 들어주지 않았습니다. 상처받은 아이에게 다가가고 또 다가갔더니 어느 날, 내면에 있던 아이가 순식간에 문을 버렸습니다. 이후로 세상은 더 이상 저에게 무서운 곳이 아니었고, 세상과 마주한 저는 더는 움츠리지 않았습니다. 이제는 어르신분들을 만나면 편안하게 대화할 수도 있고, 할머니가 운영하시는 식당에 들어가서 혼자서 식사할 수도 있습니다.

잘랄루딘 루미는 우리에게 중요한 행동을 권했습니다. 불편한 감정을 웃으면서 맞이하라! 그리고 감사히 여겨라! 그의 말에 보태서 말하고 싶습니다. 피하지 말고 당당하게 맞이하시길 바랍니다. 그러면 당신이 소중하게 여기는 사람들과 함께 웃으면서 원하는 내 모습으로 살아갈 수 있습니다.

갈등을 피할수록
또 다른 감정이 누적된다

A는 괜찮은 대학을 졸업해서 안정적인 직장에 다니고 있는 30대 초반의 남성입니다. 책임감도 강하고 일을 잘한다는 평을 듣는 A에게는 남모르는 고민이 있습니다. 바로 퇴사에 관한 것이었습니다.

나름대로 목표도 있고, 일이 적성에 맞아서 열심히 회사에 다니고 있는데 언제부턴가 자신에게만 일이 쏟아지는 느낌이 들었습니다. 말없이 묵묵히 주어진 일을 하는 성격이라 되도록 해내고 있지만 지나치게 일이 많습니다.

옆자리에 있는 1년 선배는 할 일이 적어서 자주 잡담을 하고 정시에 퇴근합니다. 반면 A는 숨 돌릴 시간 없이 일해도 정시 퇴근이 어렵습니다. 노닥거리는 옆자리 선배를 보거나 은근히 야근을 기대하는 상사를 마주할 때마다 그만두고 싶은 마음이 굴뚝같았습니다.

A는 평소에 조용하고 의견을 내세우기보다는 다른 사람의 의견을 따르는 편입니다. 일이 과도하게 주어질 때 '선배한테 일을 주면 될 텐데 왜 나한테 주지? 짜증 나네'라고 생각하지만, 밖으로 표현하지 않습니다. 친구와 여행을 갈 때도 의견을 내세우기보다는 결정되는 대로 따르는 편이었습니다.

겉으로는 부드러운 인상을 하고 있지만 상사와 1년 선배, 친구들에게 화가 나 있었습니다. 상사는 믿는다는 명목으로 너무 자신을 부려 먹고, 선배는 무능력해서 자신을 갉아먹는 기생충 같았습니다. 친구들은 모두 다 이기적이라고 느꼈습니다. 자기들 마음대로만 하려고 하니까요.

A는 이런 속마음을 한 번도 표현해 본 적이 없었습니다. 상사에게 일이 과중하다는 말을 한 적이 없고, 선배에게 도움을 요청하지 않았습니다. 친구들에게 자신이 가고 싶은 여행지에 대해 말하지 않았습니다.

'일을 좀 줄여달라고 이야기해 볼까? 그래도 내가 열심히 해 왔는데 말하면 선배에게 분배해 주지 않을까? 아니야. 괜히 미움만 살지도 몰라. 지난번에 이 대리도 그랬잖아.'

'친구한테 부산이 좋겠다고 이야기할까? 동규도 은근히 부산에 가고 싶은 눈치였어. 아니야, 아니야. 괜한 이야기 꺼내서 흐름을 망치지 말자. 걔들이 이야기하는 곳도 나쁘지는 않지!'

상사의 심기를 거스르기 싫고, 선배를 못마땅하게 여기는 마음이 들킬까 봐 말하기 싫었습니다. 친구들에게도 공연히 제안했다가 일이 어그러지거나 다툼이 일어날까 봐 의견을 주고받는 상황마다 침묵을 택했습니다. 그러다 보니 속으로 짜증이 많이 나고 주체할 수 없는 화가 치밀어 오를 때도 있었습니다.

여기서 A가 모르는 부분이 있습니다. A는 갈등이 두려워 참으면서 순간적인 충돌은 피해 왔지만 스스로를 억울한 상황에 밀어 넣고 있었습니다. 억울함이 누적되면 짜증이 되고, 짜증은 점차 커져서 분노로 바뀝니다. 누적된 억울함과 분노는 어떻게든 드러나게 됩니다.

갈등에는 어떤 선택이 최선일까?

A는 상사, 선배, 친구에게 자신의 의견을 말하지 않으면서 마음속에서 갈등을 겪었습니다. 자기 생각을 전했을 때 거절당하는 것이 두려워서 말할까, 말까 망설이다가 전하지 않는 방법을 택했습니다.

내면의 갈등은 완전히 다른 생각이 공존할 때 생깁니다. 갈등은 불편한 내용들을 담고 있고, 이러지도 저러지도 못하는 상황을 품고 있습니다. 불편해서 내다 버리려 해도, 도망가려고 애를 써도 안 됩니다. 간혹 대단한 무기인 회피 전략을 사용해서 피해 보지만 잠시뿐입니다.

끊임없이 상사나 선배, 자기들 마음대로 정해 버리는 친구에 대한 생각에 시달립니다. 의견을 말하지 않은 부분에 대해 후회와 자책이 밀려오기도 합니다. 점점 내 마음을 알아주지 않는 사람들이 미워지면서 같이 있기도 싫고 회사도 나가기 싫습니다. 그러면서 이런 마음을 들킬까 봐 불안합니다. 시간이 지남에 따라 마음속 불편감이 더욱 커지는 것입니다. 불편한 감정은 우리를 편히 놔두지 않습니다. 분노와 짜증, 수치심, 외로움, 불안함 등 아주 많은 감정과 연결됩니다.

거절당할까 두려워서 편해지고자 선택했던 길은 어느새 미움, 불안, 분노, 자책, 억울함 등의 묵직한 돌덩이들을 가슴에 차곡차곡 쌓습니다. 나를 보호하고자 선택한 길이 자신에게 상처를 주는 결과로 남습니다.

두려움은 실체가 없다

농구 스타 마이클 조던과 세계적으로 인정받는 조직 컨설턴트 이도우 코에니칸은 이렇게 말했습니다.

"두려움은 환상이다."
"두려움에 대한 생각이 우리가 두려워하는 실체보다 크다."

사실 A가 가지고 있던 걱정과 두려움은 실체가 없습니다. 자신의 의견을 말해 본 일이 없으니 실제로 상황이 어떻게 펼쳐질지는 아무도 모릅니다. 상사에게 과중한 업무량에 대해 의논했다면 일을 덜어 주었을지도 모릅니다. 선배에게 도움을 요청했다면 선배 대접을 받는다고 느껴서 흔쾌히 받아 줬을 수도 있습니다. 친구들에게 자신이 가고 싶은 여행지를 말했다면 아이디어가 하나 더 나왔다고 오히려 반겼을지도 모릅니다.

A는 걱정하는 일이 아직 확인되지 않은 자신만의 상상이라는 것을 모르고 실제로 일어날 것으로 믿었습니다. 그러니 의견을 말할 수 없었겠지요. 하지만 상대방의 생각은 내 생각을 표현해야 확인할 수 있습니다. 서로 충분히 표현하고 잘 조율되었을 때 마음속에 응어리가 남지 않습니다.

때로 이런 생각이 들어요. 표현에 대한 두려움은 나 자신이나 상대방에 대한 믿음이 부족한 것은 아닐까? 믿음이 있다면 고민할 필요가 없을 테니까요. 내 마음속에 있는 믿음에 대해 한 번 점검해 볼 필요가 있습니다.

나를 믿지 못하는 마음이
관계 속 오해를 만든다

우리는 매일 선택과 결정을 내리면서 살아갑니다. 사소한 일부터 중대한 일까지, 모두 나의 하루와 인생에 영향을 주는 일들입니다. 내가 제출한 기안서를 거절당했을 때 한 번 더 이야기해 보는 것이 좋은지 그냥 받아들이는 것이 나은지에 대한 선택이 필요합니다. 친하지 않은 친구의 식사 요청을 받아들일지 말지에 대해서도 판단이 필요하지요. 연인에게 이별 통보를 해야 할지 말지에 대해서도 고민합니다. 새로운 일에 도전할지 말지에 대해서도 갈등합니다.

선택과 결정의 갈림길에서 하나를 선택할 때 여러 가지 기준이 있습니다. 자신에 대한 믿음 역시 기준이 됩니다. 할머니께 미움을 받았던 제 오래된 뇌에는 두려움과 함께 세트로 저장이 되어 있는 마음이 있었어요. 바로 불신입니다. 자신을 믿지 못하는 마음이죠. 어린아이였던 저는 무서움과 두려움을 해소하기 위해서 안간힘을 썼을 겁니다. 그리고 제 탓을 했지요.

'내가 엊그제 물을 엎어서 할머니가 화가 나신 걸 거야!'
'내가 자꾸 징징거리니까 당연히 나를 싫어하지.'
'아까 아빠한테 나를 데리고 가라고 떼를 써서 미워하는 거겠지?'

이런 생각은 자신에 대한 이미지를 만들어 나갑니다.

물을 엎지르는 말썽꾸러기
징징거리는 아이
아빠를 조르는 아이
징징거려서 할머니나 아빠를 괴롭히는 아이

자신을 징징거리고 조르는 아이라고 여기면서 성장한다면 다른 사람들 앞에서 어떻게 행동할까요? 누군가에게 다가가고 싶을 때 자신에 대한 불신의 이미지는 다음과 같은 생각으로 연결됩니다.

'내가 징징거려서 아빠가 곤란해했고, 할머니도 난처하게 만들었어. 내가 저 사람한테 말을 걸면 아빠처럼 곤란할 거야. 그리고 저 사람의 일을 내가 방해하게 될지도 몰라. 괜히 귀찮게 하지 말고 조용히 있자.'

그러면서 자신에 대한 이미지를 더 공고히 합니다.

'역시 나는 다른 사람에게 방해될 수 있는 사람이야.'

그런데 이런 생각은 상대방의 입장에서는 황당할 수 있습니다.

"내가 너를 귀찮게 생각한다고? 난 한 번도 그렇게 생각한 적이 없는데 왜 그렇게 생각하는 거지? 당황스럽네."

상대방을 귀찮게 하지 않기 위해서 나름대로 배려해 왔는데, 상대방은 황당한 오해를 받아서 불쾌한 감정이 생겨 버립니다. 혼자서 생각하고 판단을 내렸기 때문에 일어나는 일입니다. 오래된 뇌 속에 저장된 '징징거려서 다른 사람을 난처하게 만드는 아이'라는 자신에 대한 불신이 진리인 양 믿고, 다른 사람을 아빠나 할머니를 대하듯 하니까 당연히 오해가 생길 수밖에 없습니다.

시도하기도 전에 포기해 버리는 태도 때문에 중요한 것을 잃을 수도 있습니다. 성공적인 기획이 될 가능성이 있었던 기안서를 파묻히게 할 수도 있고, 내키지 않았던 친구의 식사 초대에 응함으로써 다른 중요한 기회를 놓칠 수도 있습니다. 거절하지 못해서 수년간 연인관계를 유지했다는 모 셀럽의 이야기를 읽은 적이 있습니다. 애정이 식었음에도 관계를 끊지 못하고 전전긍긍하면서 불면증과 무기력감에까지 시달렸다고 합니다.

<u>전부 오래된 뇌 속에 있는 두려움과 자신에 대한 믿음이 부족하기 때문입니다.</u> '상대방이 싫어하면? 상대방을 화나게 하면? 상처를 주면 어쩌지?' 하는 마음이 있는 겁니다. 자신이 가지고 있던 원래의 마음을 눌러 버리고서요. 그렇게 답답함과

억울함, 상처가 차곡차곡 쌓이는 것입니다.

나를 믿고 당당하게 말하자

사람들은 자세히 설명해 주길 바랍니다. 제안했을 때 그 생각과 의도를 다 읽을 수가 없거든요. 반려된 기획서의 가치를 나중에 알게 되었다면, 상사의 입장에서 제안자가 한 번 더 말하지 않은 것에 대해 아쉬운 마음이 들 수 있습니다.

친구가 손해를 보면서까지 식사 요청을 받아들였던 상황을 알게 되면 감사하면서도, '그렇게까지 원한 건 아니었는데 괜히 미안해지네'라고 생각하면서 오히려 불편할 수도 있습니다.

요청하거나 거절해야 할 순간에 상대방의 마음을 짐작해서 포기해 버리면 결국 자신만 불편하고 상처받는 꼴이 됩니다. 만약에 잘 표현했는데 상대방이 화를 낸다면, 그것은 그의 잘못이니 미안할 필요가 없습니다. 사정이 있어서 요청을 거절했는데 과도하게 서운해한다면, 나의 사정은 고려하지 않으면서 감정 처리를 건강하게 하지 못한 상대의 탓입니다.

눈치를 보는 사람은 상대가 화를 내고 서운하다고 말할 때 위축되거나 자기주장을 못 하고 상대에게 맞춰 버립니다. 상대의 분노와 서운함은 그가 처리해야 할 감정입니다. 내 몫이 아닙니다. 그보다는 내 생각을 우선으로 한 번 더 주장하고, 요청을 거절하고, 때로는 부탁하고, 시도해 보는 일이 인생에서 더 중요합니다.

빈센트 반 고흐는 "당신은 '그림을 그릴 수 없다'라는 내면의 목소리를 듣는다면, 반드시 그림을 그리십시오. 그러면 그 목소리는 침묵할 것입니다"라고 말했습니다. 나의 부탁과 요청으로 인해 상대가 불편하리라는 생각이 들면 꼭 요청하십시오. 나의 거절로 상대가 마음이 아플지도 모른다는 두려움이 든다면 바로 거절하십시오. 당신의 두려움은 침묵할 것입니다.

적당한 거리를 지키는 것이
존중하는 관계의 비결

각양각색이라는 말이 있습니다. 많은 사람이 모여 있으면 비슷해 보이더라도 저마다의 고유한 특성이 있다는 말입니다. 사람들은 저마다의 성격, 태도, 취향, 사고방식, 선호도 등을 가지고 있습니다. 두 사람이 만나서 대화하는 장면을 하나 상상해 봅시다. 한 사람을 '빨강'이라 부르고 다른 한 사람은 '노랑'이라고 부르겠습니다.

얼마 전 노랑은 다른 무리의 친구들로부터 따돌림을 당했습니다. 그동안 친구들과 잘 지내고 있다고 생각했는데, 친구들이 왜 그러는지 도통 알 수가 없었습니다. 노랑의 이야기를 들은 빨강은 친구들과 약속을 잡아서 이유를 물어보고, 오해가 있다면 풀어 보길 권했습니다.

하지만 노랑은 주저했습니다. 노랑은 적극적이고 쾌활한 성격으로 모두가 좋아하지만 사실 남에게 속마음을 잘 말하지 않는 편입니다. 싫은 소리는 더더욱 하지 않습니다. 그저 속상한 마음을 친한 친구에게 하소연하고 묻으려고 했습니다. 그런데 자신이 이런 성격이라는 걸 누구보다도 잘 아는 빨강이 자꾸 대화로 풀어 보라고 하니까 숙제가 하나 더 생긴 것처럼 마음이 불편해졌습니다.

빨강도 역시 노랑이 답답합니다. 친구들과 허심탄회하게 이야기를 나누고 오해를 풀면 좋겠는데, 말 한마디조차 못하는 노랑을 이해할 수가 없었습니다. 둘의 대화는 어느 순간부터 날카로운 말들이 오가는 싸움으로 번져 옥신각신하게 되었습니다.

우리는 모두 다르다

빨강과 노랑은 왜 다투게 되었을까요? 그것도 둘의 문제가 아닌 제삼자가 연관된 일로요. 두 사람은 가장 친한 친구이지만 달라도 너무 달랐습니다. 쾌활하지만 실제 속내는 감추는 노랑과 달리 빨강은 조용하지만 꼭 필요한 말은 하는 스타일입니다. 또 사건이 벌어졌을 때 바라보는 시각도 서로 많이 달랐습니다.

다름은 이들만의 특징이 아닙니다. 우리는 모두 다릅니다. 서로 다른 가정에서 자라 왔기에 다르고, 다른 학교에서 다른 경험을 했기에 다릅니다. 원래 가지고 태어난 기질도 다릅니다. 처음엔 서로 비슷하다고 생각해서 친해졌지만 시간이 흐를수록 서로가 얼마나 다른지 알게 됩니다. 빨강과 노랑은 이름만큼이나 다릅니다.

다른 두 사람이 만났으니 서로 다른 생각을 할 수 있고, 다른 의견을 가질 수 있다는 점을 인정하면 좋은데, 우리는 그렇지 않습니다. 상대가 나의 말을 들어주고 인정해 주길 바랍니다. 인정해 주길 바라는 마음을 넘어서 내 생각과 똑같기를 바랍니다. 빨강은 노랑이 자신의 의견대로 친구들과 만나 이야기하길 바랐습니다. 도대체 왜 못 한다고 하는지 정말 이해가 안 가서 답답할 노릇이었습니다. 노랑은 그냥 묻어 버리고 싶은 마음을 빨강이 이해해 주지 않으니 역시 답답하기만 했습니다.

빨강과 노랑의 모습은 우리의 모습입니다. 나의 생각과 너의 생각이 일치하기를 바랍니다. 하지만 서로 다른 두 사람의 생각이 일치하는 상황은 드뭅니다. 물론 의견이 잘 맞을 때도 있겠지만 그런 순간에도 조금씩은 다른 생각을 품고 있습니다.

심리적 거리를 유지하자

서로 의견이 일치하려면 한 사람의 자아가 없을 때만 가능합니다. 우리는 모두 주체적인 생각을 가지고 살아가고 있어서 자아를 버리고 상대한테 맞추는 일이 불가능합니다. 의견을 나눌 때 서로 다른 사람이라는 점, 서로 다른 생각을 하고 있다는 점을 꼭 기억해야 합니다. 의견은 '누가 맞고, 누가 틀리고'가 없습니다.

노랑은 원래 자신의 성격대로 없는 일처럼 묻고 가는 방향이 편하다고 느끼고, 빨강은 오해를 풀어야 노랑이 마음이 편해진다고 생각할 뿐입니다. 빨강과 노랑의 목적은 같았습니다. 노랑이 좀 더 편해지길 바라는 마음이요.

목적이 같아도 의견이 충돌할 때는 어떻게 해야 할까요? 충분히 자신의 의견을 말하는 태도가 좋습니다. 하지만 꼭 기억할 부분이 있습니다. 첫째, 너와 나는 다른 사람이다. 둘째, 너와 나는 다른 생각을 가지고 있을 수 있다. 셋째, 내가 너에게 의견을 제시했을 때 꼭 받아들이지 않아도 된다. 이 3가지를 고려해야 합니다.

두 사람의 마음이 만나는 공간이 있습니다. 이를 정신분석학자 도널드 위니컷은 '잠재적 공간'[2]이라고 불렀습니다. 잠재적 공간은 두 사람의 몸이 떨어져 있는 상태에서 생각과 마음이 어우러지는 심리적 공간입니다. 이 공간에서는 온갖 감정과 의견, 생각들이 오고 갑니다.

잠재적 공간에서 중요한 개념 중의 하나가 '떨어져 있음'입니다. 부모, 형제, 연인, 친구, 동료 간에 좋은 관계를 유지하려면 서로를 존중할 수 있는 여유 공간인 심리적 거리가 필요합니다. 우리는 다른 사람이기에 의견이 다를 수 있고 꼭 일치하지 않아도 됩니다. 애초에 분리된 존재인 두 사람이 의견을 일치시키려고 하니까 싸움으로 번집니다. 일정한 거리를 두고 잠재적 공간에서 존중하면서 만날 때 충돌보다는 조화가 일어납니다.

서로에 대한 기대가
갈등의 불씨가 된다면

본능, 감정, 생각, 의지, 기억 등 다양한 요소가 서로 간섭하며 마음을 구성합니다. 앞서 이야기했던 노랑이 따돌림을 당한다고 느낀 순간, 본능은 위기를 감지해서 두려움이라는 감정을 느끼도록 했습니다. 노랑으로 하여금 친구들이 나를 버릴지도 모른다는 두려움 속에 머물도록 하면서 결국 관계를 포기하도록 만들었습니다. 그 결정은 다시 본능과 감정에 영향을 미쳐서 친구들과 단절되면서 생기는 고통을 자극하고, 결국 노랑은 힘든 감정들 속에서 계속해서 허우적거리게 됩니다.

노랑과 빨강이 다투었던 장면으로 다시 가 보겠습니다. 둘은 분명히 노랑의 친구 문제를 주제로 대화를 나누고 있었습니다. 둘 사이에서 발생한 문제가 아닌데, 어느 순간 둘은 서로를 비난하고 있었습니다.

마음이 불편할 때 빠져드는 생각들

노랑은 빨강과 오랜 만에 만난 터라 즐겁게 시간을 보내고 싶었지만 자꾸 친구들 생각이 떠올라서 이야기를 털어놓았습니다. 노랑은 빨강이 자신을 위로해 주고, 공감해 주고, 그 친구들을 같이 욕해 주는 것으로 충분했습니다.

빨강은 그렇게 해 주긴 했습니다. 그리고 혹시 노랑이 혼자 오해하는 걸 수도 있으니 친구들과 이야기해 보라고 했습니다. 노랑은 친구들에게 먼저 그런 이야기를 꺼내기가 어렵다며, 그냥 이대로 관계를 끊고 싶다고 했습니다. 하지만 빨강은 다시 노랑을 설득했습니다. 가만히 있으면 더 큰 오해가 생기고 상황이 더 나빠진다며 재촉했습니다. 노랑은 그러고 싶지 않다는 자신의 말에도 계속 같은 말만 반복하는 빨강이 슬슬 짜증이

나기 시작했습니다.

　노랑의 머릿속에서 여러 가지 생각이 떠올랐습니다. 빨강은 툭하면 노랑에게 이래라저래라 합니다. 빨강이 자신을 통제하려 든다고 느낄 때도 많았습니다.

　'얼마 전에도 내가 회사 일에 대해 말했을 때 이렇게 하라는 둥 저렇게 하라는 둥 자기가 하고 싶은 말만 했어. 얘는 왜 자기 말만 하지? 도대체 나를 뭐로 보는 거야? 내가 그렇게 만만한가?'

　노랑이 이런 생각을 하는 동안 빨강은 계속해서 말을 이어 나갔습니다. 지적하고 비난하기까지 합니다.

　"너는 활달한 애가 무슨 일만 생기면 왜 그렇게 움츠리냐?"
　"이제는 포장하지 말고 원래 네 성격대로 살아."

　노랑의 생각은 더욱 강화됩니다.

　'원래 나 무시했던 거 맞네. 그러니까 부하직원한테 하듯 이

래라저래라 하지. 친구가 맞나? 아, 차라리 이 자리를 뛰쳐나가고 싶다. 괜히 말했어.'

노랑의 생각들은 화, 외로움, 슬픔 등의 감정을 다시 자극하였습니다. 빨강에게 화가 나고 그 어느 때보다도 멀게 느껴졌습니다. 진정한 친구가 없다는 생각에 외롭고 슬퍼졌습니다. 왜 이 모양인지 자신이 미워졌습니다. 빨강은 빨강대로 걱정하는 마음을 알아주지 않는 노랑이 야속했습니다.

'아, 정말 얘는 내 말은 안 듣는구나. 어떻게 걱정해서 말하는 나한테 짜증을 낼 수 있지? 얘는 진심으로 말해 줘도 항상 한 귀로 흘려버려. 그럴 거면 나한테 왜 얘기하는 거야! 내가 만만해서 그러나? 애써 시간 내서 나왔는데 이러려고 시간을 냈나? 나도 바쁜데. 얘는 내 시간조차 함부로 하는구나.'

기대가 생각을 왜곡한다

노랑과 빨강은 서로에 대한 기대가 있었습니다. 노랑은 해결책보다는 자신의 마음을 알아주길 바랐습니다. 친구들과 이야기하기 어렵다고 할 때 얼마나 버거운 일인지 이해받고 싶었습니다. 관계를 끊고 싶다고 말할 때 얼마나 괴로우면 그런지 알아주길 바랐습니다. 자신의 모든 말을 존중받고 싶었어요. 바라는 바가 이루어지지 않으니 짜증이 나고, 결국 자신을 만만하게 여기고 무시한다는 생각으로까지 이어졌지요.

빨강은 노랑이 더는 회피하지 말고 보이는 성격대로 할 말은 하면서 힘들지 않길 바랐습니다. 아무리 말해도 노랑이 자신의 말을 외면한다고 느끼고, 자신의 시간을 함부로 한다는 생각까지 했습니다.

빨강과 노랑의 기대가 서로에 대한 오해를 불러일으켰네요. 기대는 때로 우리를 더 좋은 곳으로 데려가지요. 반대로 상심으로 이어지기도 합니다. 빨강과 노랑처럼요. 우리 마음의 이런 흐름을 잘 알고 있으면, 생각보다 갈등을 해결하기가 쉽습니다. 빨강의 기대는 빨강의 마음입니다. 노랑의 기대는 노랑의 소유입니다. 각자 마음에 있는 부분을, 상대방을 통해 해결하려고 하니까 갈등이 해결되지 않습니다.

기대하는 마음을 품을 수 있습니다. 하지만 내가 원하는 대로 해 주길 바라는 기대는 내 마음대로 상대를 움직이고 싶어 하는 통제 욕구에 불과합니다. 기대는 오로지 나의 것이고, 상대는 상대의 마음에 따라 결정할 수 있다는 것을 인지하고 있으면 갈등은 덜 일어납니다. 바로 앞에서 말씀드렸던 '심리적 거리'를 잘 유지하고 있는 상태입니다.

자신을 제대로 이해할 때
타인을 이해할 수 있다

혜민 스님은 "남의 눈치 보지 말고 당신의 빛깔을 찾으세요. 당신은 세상에서 가장 소중한 사람입니다"라고 이야기하셨습니다. 저 자신에게 물어보고 싶습니다. 그리고 여러분도 스스로한테 물어보시길 바랍니다.

'나는 나에게 소중한 사람일까?'

상담심리를 공부하기 전의 저라면, '소중하게 생각합니다.

당연한 걸 왜 물으시죠?'라고 답했을 듯합니다. 그러나 공부하는 과정에서 지난 일들을 정리해 보니 그간 생각했던 바와 달리 자신을 소중히 대하지 못했던 저를 발견하였습니다.

저는 책임감이 강하고 헌신적인 사람입니다. 늘 최선을 다하지요. 일에도, 사람에게도요. 이런 성격은 장점이 많습니다. 실제로 주어진 일을 잘 해내고 사람들에게 신뢰를 얻습니다. 장점이 장점으로 남아 있기 위해서는 균형이 필요합니다. 과도하면 잃어버리는 부분이 생기고 때로 단점으로 변해 버립니다.

관계에 최선을 다하고 헌신하는 태도가 남긴 것

제게 강한 책임감과 헌신적인 태도는 포장지 같은 역할을 했습니다. 할머니가 제게 주신 시선, '불필요한 딸'이라는 낙인을 지워 버릴 수 있는 수단이라고 착각했습니다. 귀염을 받기 위해서 부모님을 열심히 도와드리고, 맡은 일은 최선을 다해야 한다고 생각했습니다. 그러다 보니 제가 하는 행동은 저 자신이 아니라 타인이 중심이었습니다.

주위를 둘러보고 어떤 일을 하면 좋은지 생각하고, 상대방에게 최대한 맞춰 왔습니다. 그러다 보니 학창 시절에 친구가 많아도 너무 많았습니다. 다 들어주고 맞춰 주니 당연히 제가 편했겠지요. 극과 극은 통한다고 하지요? 너무 많은 건 사실 하나도 없는 것과 같습니다. 친구가 너무 많다는 건 깊은 관계인 친구가 없다는 말이 되기도 합니다. 친구가 옆에 있든 없든 간에 외로움은 한결같았습니다.

모두가 저보다 나은 사람처럼 보였고, 더 가진 사람처럼 보였습니다. 그럴수록 더 근사한 포장지가 필요했습니다. 강한 책임감과 헌신적인 태도는 참으로 훌륭한 포장지였습니다. 포장지가 화려한 채로만 있으면 참 좋은데, 멋진 포장지는 여러 가지 감정을 만들었습니다. 어느 날은 공허함을 만들고 어떤 때는 분노를 만들었습니다.

나는 항상 관계에서 최선을 다하고 헌신하는데, 그만큼 나에게 해 주는 사람은 없었습니다. 나는 다 맞춰 주는데 내게 다 맞춰 주는 사람은 없었습니다. 그러다 보니 '나는 대체 받지도 못하면서 왜 이러고 사는 걸까?' 하는 공허함에 빠져들었습니다. 또 '내가 너한테 어떻게 했는데 너는 이만큼 밖에 안 해 주니?'라는 마음이 생기면서 분노가 일었습니다.

헛발질은 아닌가 돌아보자

정신분석이라는 작업을 통해 제 노력에 대해 아무도 몰랐다는 점을 알게 되었습니다. 저를 알아주었으면 하는 마음을 누구도 알 수 없다는 것을 깨달았습니다. <u>저는 항상 다른 사람한테 맞춰 주는 행동을 했지만 실제로 그들이 원한다고 말한 부분이 아니라 제 생각에 초점을 두었으니, 진짜로 맞춰 준 행동도 아니었습니다.</u> 또 제가 원하는 것을 표현하지 않으니까 제 마음을 다른 사람들은 알 리가 없었을 겁니다.

어떻게 보면 저 혼자 북 치고 장구 친 셈입니다. 웃을 수도 울 수도 없는 이 일은 저를 소중히 여기지 않아서 생긴 일입니다. 자신을 소중히 여겼다면 주위 사람들을 둘러보며 어떤 일을 할지를 고민하기보다 제가 즐거운 일을 찾아서 했겠지요. 혼자 착각 속에 빠져서 행동하고 그만큼 돌려주지 않는 사람들에게 분노했다는 사실을 알면, 그들은 얼마나 황당할까요? 아이고, 그들이 몰라서 참 다행입니다. 제 착각은 이러했습니다.

'내가 원하는 행동을 하기보다 네가 좋아하는 행동을 하면

너는 나를 좋아할 거야. 잘 맞춰 줘서 나를 좋아하도록 만들어야지.'

대부분 저와 같은 생각을 합니다. 이런 생각이 착각인 이유는 사람들은 자신에게 다 맞춰 주는 사람을 그다지 선호하지 않습니다. 그렇게까지 해 주기를 원하지도 않고, 실제로 원하는 바와 다를 가능성이 있기 때문입니다.

나부터 소중하게 대하면 어떨까?

감정은 전염성이 강합니다. 내가 즐거우면 상대도 즐겁습니다. 내가 기분이 불쾌해서 씩씩거리면 상대도 기분이 가라앉습니다. 나를 만족시키는 일을 해야 내가 즐겁습니다. 우리는 밝은 사람을 선호하는 경향성이 있습니다. 바로 이런 이유 때문입니다. 밝은 사람과 같이 있으면 그 기분이 나한테 전염되어 자신도 즐거워지니까요.

다른 사람에게 과도하게 맞춰 주느라 내 즐거움까지 잃어버릴 이유가 있을까요? 내가 그렇게 한다고 그 사람이 알아주나요? 또 상대를 위해 헌신하고 희생했던 나의 노력은 어디에 머물게 될까요? 내가 즐겁지도 않고 때로 너의 마음에 닿지도 않으니 말입니다. 허무하기 짝이 없습니다.

    내 기분부터 챙기는 태도가 중요합니다. 내 마음부터 헤아리는 것이 나를 소중하게 대하는 자세입니다. 그래야 다른 사람도 소중하게 대할 수 있습니다. 소중하게 대하는 마음이 무엇인지 아니까요. 마음에 대한 앎은 나로부터 시작됩니다. 나를 알아야 너를 알 수 있고, 우리를 알 수 있습니다. 나를 알면 자신의 빛깔을 찾을 수 있습니다. 빛깔대로 사는 삶이 자신을 존중하는 삶입니다.

    언제 내가 행복한지, 상대가 어떻게 대해 줄 때 즐거운지 충분히 자기 이해부터 하십시오. 자신을 제대로 이해할 때 타인을 알 수 있습니다. 이타심은 이때 발휘하면 좋습니다. 그 순간 즐거워하고 있는 나, 너, 우리를 발견할 겁니다.

2장

늘 좋은 사람일 필요는 없다

세상과 자신을 믿지 못할수록
사랑에 절박해진다

쇼펜하우어는 "인생이 고통"이라고 말했습니다. 쇼펜하우어 철학의 핵심 주제인 이 말은 수긍이 가면서도 저항을 불러일으킵니다. 어차피 고통이라면 열심히 살아야 할 이유가 없으니까요. 그렇다고 대충 살기에는 내 삶을 방치하는 것 같아 그럴 수도 없습니다. 이럴 수도 없고 저럴 수도 없고 참 난감합니다. 부처님께서도 "인생은 고해(苦海)"라고 하셨습니다. '고통의 바다'를 살아내야 하는 물고기처럼 끊임없이 고통을 맞이하면서 살아가는 인간의 모습을 말씀하신 듯합니다.

태어나는 순간 고통이 시작된다

　잠시 생각해 봅시다. 인간에게 고통의 시작점은 어디일까요? 바로 태어나는 순간입니다. 어머니의 자궁 속과 산도를 빠져나올 때 아기의 고통은 실로 어마어마합니다. 산도를 빠져나온 순간 지금껏 보지 못했던 환한 빛이 쏟아지고, 살갗을 스치는 온도가 달라집니다. 내 몸을 안정적으로 지탱해 주던 모든 것이 사라지고 몸이 번쩍 들어 올려집니다. 갑작스러운 변화에 아기는 상당히 놀라면서 고통을 겪습니다. 하지만 아직은 감정의 분화가 일어나지 않아 쾌와 불쾌의 감정 정도만 느낍니다.

　최소한 태어나는 순간의 경험은 쾌보다는 불쾌에 가깝습니다. 인간은 고통과 함께 태어난다고 볼 수 있겠습니다. 삶이 시작되는 시점부터 이러하다면 쇼펜하우어와 부처님의 말씀을 받아들일 수밖에 없네요.

　이후의 삶은 어떻게 펼쳐질까요? 아기는 고통스러울 때 울지요. 배가 고파서 울고, 기저귀가 젖어서 울고, 졸려서 웁니다. 성인에게 배고프거나 옷이 젖거나 졸린 건 큰일이 아닙니다. 고통까지는 아니지요. 아기들은 좀 다릅니다. 쾌와 불쾌의 감정밖에 가지지 않은 아기에게 불쾌는 고통이면서 공포입니다. 울음은 도와달라는 호소지요. 스스로 할 수 없으니 누군가의 도움을 받아야만 합니다.

엄마가 잠시 급하게 처리할 일이 있어서 울음에 응답해 주지 못할 때 아기들은 힘겹습니다. 배가 고픈데 해소되지 않아서, 졸음이 오는데 편히 잠을 잘 수 없어서, 기저귀가 너무 축축해서 느꼈던 고통은 무의식에 고스란히 저장됩니다. 엄마가 울음에 즉각 반응해 주면, 아기는 고통을 덜 겪습니다. 고통을 덜 겪은 사람과 그렇지 못한 사람은 다른 성격을 갖게 됩니다. 아무래도 즉각적인 반응을 얻지 못하면 예민해질 수밖에 없어요. 다른 사람보다 고통을 더 많이 알고 있기 때문에 고통에 대한 감각이 더 발달합니다.

아기가 경험한 고통의 양은 세상과 자신에 대한 이미지를 형성합니다. 고통을 많이 겪은 아기는 아무래도 세상을 아름답게 느끼고 좋은 곳으로 인식하기 어렵습니다. 자신을 괜찮은 사람으로 여기기 또한 어렵습니다.

믿음을 발달시킬 것인가? 불신을 발달시킬 것인가?

심리학자 에릭 H. 에릭슨은 인간은 태어나서 죽을 때까지 발달한다고 하였습니다. 8단계에 걸쳐서 발달하는데, 첫 번째 단계가 가장 중요합니다. 첫 번째 단계에서 아기는 세상을 믿을 것인가, 불신할 것인가 여부를 결정합니다. 좋은 경험이 많으면 세상을 믿기 시작합니다. 세상을 믿어야 당차게 자신을 펼쳐 나갈 수 있습니다.

배고파서 울었을 때 젖이 즉각적으로 들어오면 아기는 세상을 좋은 곳으로 인식하고, 세상이 나를 좋아한다고 생각합니다. 자신을 사랑받아 마땅한 좋은 사람이라고 인식하는 거지요. 세상이 좋고 나를 좋은 사람으로 여기니 자연스럽게 믿음이 생성됩니다. 반대의 경우에서는 믿음보다는 불신이 발달합니다.

<u>세상과 나 자신을 믿어야 원하는 바를 세상에 드러내고, 드러내야 성취할 수 있습니다.</u> 믿음은 대인관계와 관련이 되고 학생 시절 공부나 할 일, 취미생활, 성인기의 직업적 성취와 연관이 됩니다. 믿음이 발달한 사람들은 사람이나 성취에 쉽게 다가갑니다. 편하게 다가가니 더 가질 수 있습니다.

딸이라는 이유로 미움받았던 저는 세상에 대한 믿음을 발달시키지 못했습니다. 그러니 물질도, 사람도, 성공도 제가 소유할 수 있는 것이라고 생각하지 않았습니다. 세상을 믿지 못하니 과도한 책임감과 헌신이라는 훌륭한 포장지로 저를 감싸서 드러내야만 했습니다.

누구나 세상에 잘 적응하고 싶고, 다른 사람에게 인정받고 싶어 할 겁니다. 믿음이 발달한 사람이건, 불신이 발달한 사람이건 저마다의 적응 양식을 개발합니다. 불신이 발달한 사람은 세상을 미워하거나 사랑받기 위해 노력하거나 둘 중 하나의 양식을 선택해서 세상을 살아갑니다.

불신이 발달한 사람이 세상을 미워하기보다 사랑받고 인정받기 위해서 노력하고자 선택했을 때 좋은 사람으로 보이기 위해서 안간힘을 씁니다. 자기보다 타인을 삶의 중심에 두고 열심히 애씁니다. 좋은 사람으로 인정받기 위한 몸부림이라고 볼 수 있겠습니다.

'착한 마음'이
나를 옭아맬 때

믿음과 불신이 발달한 뒤에는 '자율성'과 '주도성'이라는 마음의 영역이 기다리고 있습니다. 5-6년의 시간을 거쳐 발달하는 자율성과 주도성은 인간이 주체적으로 살아가는 데 아주 중요한 역할을 합니다. 자율성과 주도성이 발달하는 시기에 양육자는 상당히 곤혹스럽습니다. 아이가 자기 고집대로 하려는 경향이 강해지거든요. 그래서 이 시기에 어려움을 겪는 부모의 마음을 대변한 '미운 4살, 미운 7살'이라는 말이 있습니다.

이때 부모는 아이에게 옳고 그름, 해야만 하는 일과 하지 말아야 할 일, 예절 등을 가르치려고 합니다. 달리 말하면 아이가 무엇이든지 자기 마음대로 하려고 하고, 부모님은 자신의 기준에 아이를 맞추려고 합니다. 그래서 자꾸 아이의 행동을 제지하고 간섭하고 엄하게 시시비비를 가립니다.

부모님의 가치 기준과 아이의 불안

아이와 부모가 충돌하는 지점은 흘리고 먹지 않기, 이웃을 위해 조용히 하기, 예의 바르게 인사하기, 가지고 놀던 장난감을 바로 정리하기 등 아주 많습니다. 아이는 아직 세상의 기준을 몰라서 해야 하는지 아닌지 잘 모릅니다. 마냥 자신이 하는 일에 집중하고 만끽할 뿐이지요. 결국 부모의 말을 잘 따르지 않는 아이를 혼낼 수밖에 없습니다. 이때 어른이 제시하는 사회적 규칙을 아이가 완벽하게 지키기 어렵다는 것을 잘 이해한다면 크게 소리칠 일이 없습니다.

"흘리고 먹으면 안 돼. 다음부터는 조심하자. 이렇게 해 보면 흘리지 않을 수 있을 거야."

이 정도의 차원에서만 말하고 끝내면 차분히 잘 지도했다고 볼 수 있습니다. 하지만 많은 경우에는 큰소리를 치거나, 다른 아이와 비교하거나, 아이를 단정 지어버립니다.

"누구는 잘만 하는데 너는 왜 그래, 대체!"
"누구 닮아서 이러니? 너 때문에 내가 못 살겠다."
"너는 항상 이 모양이더라."

참는 데 한계점에 달하면 순간적으로 소리를 지를 때가 있습니다. 아이의 입장에서는 좀 다릅니다. 부모의 말은 아이의 내면으로 온전히 들어가서 자리를 잡습니다.

'나는 다른 아이보다 못났고, 엄마 아빠를 힘들게 하는 아이구나. 이런 나를 엄마 아빠는 별로 안 좋아하겠구나.'

부모가 자신을 귀찮아하고 싫어할지도 모른다는 생각에 아이는 불안을 달래기 위해서 뭔가 부지런히 합니다. 혼나는 동안 부모가 말한 대로 행동을 수정하려고 열심히 생각합니다. 하지만 잘 안됩니다. 아직 본능이 강한 나이여서 장난감을 다가지고 놀고 나면 정리 생각까지는 못 하고, 다른 놀이가 생각나서 어디론가 쪼르르 달려가 버립니다. 그러면 또 혼이 납니다. 그리고 아이는 깨닫습니다.

'내가 뭔가 잘할 때는 나를 예뻐하고 좋아하는구나. 그런데 내가 잘못할 때는 나를 미워하고 귀찮아하네.'

부모님의 사랑에 조건이 붙는다는 것을 알아채는 거죠.

내 마음대로 할까? 부모님 말씀을 따를까?

이제부터 갈등에 시달립니다. 자율성과 주도성을 발달시키는 시기이다 보니까 내 마음대로 하고 싶은 마음과 미움받지 않기 위해서 부모님의 말씀에 따르고 싶은 마음 간에 갈등을 겪습니다.

심리치료사 롤프 메르클레에 따르면, 아이가 태어나서 5살이 되는 동안 듣는 질책은 최소 4만 번이나 된다고 합니다. 그러면 싫은 소리를 한 달 평균 666번, 하루 동안 22번이나 듣는 거죠. 실제로 아이에게 칭찬보다는 질책을 더 많이 합니다.

아이는 질책을 받을 때마다 부모가 자신에게 주는 사랑은 무조건적이지 않다는 것을 점점 확인해 가는 거죠.

부모의 기준이 좀 느슨하면서 융통성이 있는 편이고 잘못했을 때 가볍게 교육하고 지나간다면, 아이는 자신이 하고 싶은 활동에 더 집중하면서 성장합니다. 하지만 기준이 엄격하고 잘못했을 때 크게 혼을 낸다면, 아이는 눈치를 봅니다. 자신이 하고 싶은 일에 집중하기보다 혼나지 않기 위한 행동에 에너지를 더 투여하면서 안간힘을 씁니다. 부모님의 사랑과 인정을 잃지 않기 위한 몸부림이죠.

생활 습관이 바른 아이가 되길, 예의 있는 아이가 되길, 뭔가를 잘하길, 어른들 말씀을 잘 듣는 착한 아이가 되길 바라는 부모님의 기대는 아이에게 때로는 커다란 압박입니다. 기대에 미치지 못했을 때 가하는 비난은 마음속에 뿌리내려 아이가 다 커서도 영향을 줍니다. 성인이 됐지만 여전히 더 착한 아이가 되기 위해 더 좋은 아이가 되기 위해, 최소한 하루에 22번은 다짐할 겁니다.

인정욕구를 내려놓으면
삶이 좀 더 가벼워진다

　상담할 때 매번 등장하는 단어가 있습니다. 바로 '인정욕구'입니다. 우리가 살아가는 동안 다른 사람에게 인정받기 위해서 얼마나 고군분투하는지 매 시간마다 절절히 느껴집니다. 무소유를 말씀하셨던 법정 스님께서도 마지막까지 놓지 못하셨던 것이 바로 인정욕구라는 말을 들은 적이 있습니다.

　어렸을 때 말썽 한번 없이 순하게 자랐다는 말을 듣는 사람들이 있습니다. 어른들의 말을 거스르지 않고 순종적으로 살아가면서 자신의 욕구 대신 부모가 이야기하는 가치를 기준으로 삼아서 살아가는 분들입니다. 다른 사람들과 충돌하지는 않지만 끊임없이 눈치를 보며, 자기주장을 하지 않고, 거절하지 못해 일을 떠안으며 살아갑니다. 상대방한테 맞춰 주면 비난보다는 인정받을 수 있다고 생각하기 때문에 그렇게 행동합니다.

P의 밝은 성격은 인정받고 싶은 마음에서 비롯되었습니다. 초등학생 때 P는 가장 친한 친구와 멀어진 적이 있습니다. 부모님의 잦은 다툼, 사춘기 언니의 반항으로 매일 집이 시끌시끌했고, P는 늘 집에 들어가기 싫었습니다. 그런 힘든 마음을 가장 친한 친구에게 털어놓았는데, 친구가 버거워하면서 자신을 멀리하기 시작했습니다. 이때부터 P는 '힘든 이야기를 하면 사람들이 싫어한다'라는 생각에 긍정적인 모습만을 내보여 왔습니다.

생일에 부모님이 P가 가지고 싶다고 말한 것과 다른 선물을 줄 때도 '감사해요, 제가 원하던 거예요'라고 기쁜 듯이 웃으며 말했습니다. 친구와 놀다가 피곤해서 집에 가고 싶은데도 그 마음이 들킬까 봐 친구 앞에서 더 크게 웃고 즐거운 척을 했습니다. 그리고 다른 사람의 비난에 민감하게 반응했습니다. 겉으로는 별 신경을 쓰지 않는 것처럼 넘어가지만 속으로 곱씹고 또 곱씹었습니다. 나름대로 상대의 말을 생각하면서 '어떻게 하면 더 좋은 사람으로 보일 수 있을까?'를 고민했습니다.

인정욕구는 사랑과 관심을 받고자 하는 욕망입니다. 부모에게 인정받기 위해 행동할 때 도움이 되는 점도 참 많습니다. 칭찬받기 위해 더 열심히 공부하면, 성적이 올라가고 유능감을 맛볼 수 있습니다. 또 형제나 친구와 사이좋게 지낸다면, 다른 사람들과도 잘 지내는 방법을 익혀서 사회성이 향상됩니다. 사회에 나가서도 '해내고 싶다', '인정받고 싶다'라는 마음으로 열심히 하면 업무 역량이 향상되고, 동료와 잘 지낼 수 있습니다. 이런 경험이 누적될수록 자신감이 쌓입니다.

인정욕구를 잘 활용하자

인정욕구는 동전의 양면과도 같네요. 자신을 유능하게 만들어 주기도 하고, 나답게 살지 못하도록 방해하기도 하고요. 인정욕구는 선택의 문제가 아닙니다. 좋다, 나쁘다는 문제도 아닙니다. 지나칠 때 문제가 됩니다.

일본의 심리학자인 에노모토 히로아키는 "타인과 관계 속에 존재하는 우리는 타인의 시선을 개의치 않고 살아가기란 쉽지 않다"고 말했습니다.³

인정욕구는 서로의 관계를 돈독하게 해 주고, 자신을 성장시킬 수 있는 원동력이 되기도 합니다. 인정욕구가 자신을 괴롭힐 때 없애려 노력하기보다 어떻게 잘 활용할 것인지 고민하는 것이 더 현명한 일입니다. 감당할 수 있는 만큼만 받아들이면 됩니다.

친구와 만날 때 친구는 더 놀고 싶고 나는 집으로 돌아가서 쉬고 싶다면 친구에게 양해를 구하고 돌아가면 됩니다. 친구의 마음이 상할까 봐 걱정하며 꾹 참고 그 자리에 남는다면 과도한 인정욕구에 시달리는 것입니다. 좋은 사람으로 남고 싶은 강렬한 욕구에 휘둘리는 것이지요.

좋은 사람 콤플렉스는
생존본능이다

　미국의 저명한 상담심리학자인 재키 마슨은 '좋은 사람'에 대해 이렇게 말했습니다.

　"호감을 사고, 사랑받고, 받아들여지기 위해서 상대가 인정하는 행동만을 해야 한다고 믿는 사람들이다. 이러한 믿음은 인생, 인간관계, 일, 행복을 망치고 있다. 항상 예의 바르고, 착하고, 남을 돕고, 매력적이고, 재미있고, 사람들의 기분을 맞추어 주고, 실망하게 하지 않고, 거절하지 않고, 갈등을 피하며, 자신보다는 타인의 욕구를 우선시한다."[4]

Y는 전형적으로 좋은 사람 콤플렉스에 시달리고 있는 사람입니다. Y는 어렸을 때부터 아버지를 존경하는 마음이 컸습니다. 아버지는 조금 엄한 편으로 Y가 뭔가를 요구하면, 아버지 본인에게는 합리적이지만 Y에게는 납득이 되지 않는 이유를 설명하며 결국 Y가 포기하도록 만들었습니다.

아버지는 스스로 현명하다고 자부하고 기준점이 뚜렷한 분이었습니다. Y는 그런 아버지에게 반대의 생각을 피력해 본 적이 없었습니다. 그저 인정받고 싶어서 최선을 다하면서 살아왔습니다. 무엇이든 열심히 하고, 예의 바르며, 상대방에 대한 배려가 몸에 배서 모범생이라는 말을 듣고 자랐습니다.

아버지가 정해 주는 삶의 방향에 따르기만 했을 뿐 독립적으로 살지 않았습니다. 자율성과 주도성이 발달하는 시기에, 자신의 욕구와 색깔이 드러나는 삶을 포기했습니다. 내면에 자리 잡은 아버지의 목소리가 삶의 기준이 되었습니다.

그러다 보니 Y는 자기주장이 약한 편입니다. 특히 나이 많은 사람 앞에서는 더욱 그렇습니다. 직장 상사에게 과도한 업무에 대해 조율해달라고 이야기하지 못하고, 그저 주어진 업무에 최선을 다할 뿐이지요.

　Y는 누가 봐도 성실하고 참 좋은 사람입니다. 하지만 Y의 내면은 어떨까요? 모범적인 삶에서 행복을 느끼면서 살아갈까요? 늘 불안과 초조함과 함께 살아갔습니다. 다른 사람들이 자신에게 품은 기대에 미치지 못할까 봐 두려워하고 있었습니다.

　어렸을 때 아버지의 합리적 설명에 넘어갔을 때는 어땠을까요? 속상한 마음이 들기도 했지만 쓸데없는 욕심을 내는 자신을 자책했습니다.

직면할 것인가? 피할 것인가?

　기대에 미치지 못할지도 모른다는 두려움도, 원하는 것을 가지지 못했을 때 속상함도, 자신에 대한 비난도 모두 고통입니다. 동물은 고통의 순간에 둘 중 하나를 선택합니다. 싸우거나 도망가거나. 인간에게도 이런 속성이 있어서 고통을 직면해서 뚫고 나가거나 피하거나 둘 중 하나를 선택하려고 합니다.

　Y는 직면하기보다는 회피하는 방법을 선택해서 살아왔습니다. 아버지가 설득할 때 주도성을 발달시키고 있는 아이답

게 고집을 내세워 획득해내는 경험을 하지 못했습니다. Y의 머릿속에는 자동으로 주어졌을 때 말고, 스스로 '끈질기게 주장해서 손에 넣을 수 있다'라는 시나리오가 없습니다. 오히려 상대방의 의견에 따르면 인정받을 수 있다는 잘못된 믿음이 있습니다. 그렇게 하지 않았을 때 자신을 싫어할지도 모른다는 두려움과 함께 말이죠.

거절에 대한 공포 역시 같이 심겨 있습니다. 거절하는 바도 두렵고, 당하는 것도 겁납니다. 그러니 진짜 욕구는 억압해서 꾹꾹 눌러놓습니다. 회피하면서 참을 때마다 안도감은 있겠지만 눌러놓은 욕구에 대한 불만족은 스트레스 상태로 가슴에 남습니다. 도망가고 또 도망가고, 스트레스가 쌓이고 또 쌓인 상태가 되어 더 이상 도망갈 곳이 없다고 느낄 때, 회사를 그만두는 방법밖에 다른 방안을 찾을 수 없었어요.

Y는 누구에게나 인정받고 싶었고, 정말 좋은 사람이 되고 싶었습니다. 자기주장이나 거절 같은 건 하지 않음으로써 괜찮은 사람으로 남고 싶었습니다. 하지만 이후에 결국 아버지와 다투게 되었고, 회사도 떠날 수밖에 없는 상황에 부닥쳤습니다.

좋은 사람으로 타인에게 인정받고 싶은 마음은 사회적 관계 속에서 살아가기 위해 필수적인 마음입니다. 하지만 좋은 사람으로 비치고 싶은 마음이 의도와 다르게 고통으로 이어질 때 깊은 고민에 빠질 수밖에 없네요. 스스로 정리해 보는 것이 필요합니다.

<u>나는 무엇을 위해서 좋은 사람이 되고자 하는가?</u>
<u>좋은 사람으로 남으려고 할 때 나에게 좋은 점은 무엇인가?</u>
<u>나를 고통으로 이끌지 않으면서도 좋은 사람이 될 방법이 있지 않을까?</u>

다른 사람의 기분보다
나의 진심이 먼저다

가끔 누군가의 요청에 단숨에 긍정적으로 대답해 놓고 뒤돌아서 후회할 때가 있습니다.

S에게 늘 있는 일입니다. 직장 동료가 "오늘 퇴근하고 같이 저녁 먹고 가자"라고 청하면, "좋아, 뭐 먹으러 갈까?"라고 바로 응답하는 편입니다. 그리고 일을 하다가 문득 '어제도 친구를 만나서 피곤한데 어쩌지? 괜히 약속했네' 하는 생각이 떠오르고 마음속에서 갈등을 겪지요. 피곤해서 가기 싫지만 뭐라고

말해야 할지 모르겠고, 갑자기 안 간다고 하면 동료의 기분이 상할까 걱정도 됩니다. 결론을 이렇게 내립니다.

'이번에는 가고 다음부터는 잘 생각하고 약속하자. 다음에는 무조건 대답하지 말자.'

그렇게 다짐했건만 비슷한 상황은 또 발생합니다.

어린 시절부터 S는 부모님 말에 잘 따르는 편이었습니다. 하지만 마음속은 그렇지 않을 때가 많았습니다. 마트에서 장난감을 사달라고 하면 부모님은 항상 이런저런 이유로 S를 포기하게 했습니다. S는 수긍했지만 속으로는 아니었습니다.

'좀 사주면 안 되나? 장은 그리 많이 보면서 장난감 하나 사 줄 돈이 없다는 게 말이 되나?'

갖고 싶었던 장난감을 가지고 노는 친구를 보면 너무 부러웠습니다. 다시 부모님께 사달라고 졸라 볼까 했지만 꾸지람보다는 칭찬을 듣고 싶었습니다. 어느 날 엄마가 한자를 잘 읽는 동생을 칭찬하는 모습을 보고, S는 자기도 칭찬을 듣고 싶어 얼른 학교에서 그린 그림을 엄마에게 보여줬습니다. 물론 원하는 칭찬은 받지 못했지요.

학창 시절에는 성적을 가지고 채근하시는 아빠에게 자신이 얼마나 열심히 공부했는지 말씀드리고, 이 정도면 그래도 잘하지 않았냐고 따져 묻고 싶었지만 참았습니다.

S는 시사에 관심이 많아서 평소 관련 책과 기사도 찾아 읽습니다. 아빠가 시사에 대해 말씀하실 때 자신의 의견과 다른 경우가 많지만 묵묵히 들으면서 고개를 끄덕였습니다.

진짜 나와 가짜 나

도널드 위니컷은 마음의 기능 중 일부를 '참자기'와 '거짓자기'라는 이름으로 설명하였습니다.[5] 먼저 참자기는 '본래 가지고 태어난 나'이고, 거짓자기는 본연의 내 모습을 가린 채 '다른 모습으로 드러내는 나'입니다. S는 '거짓자기'를 가진 사람입니다.

여기서 거짓자기는 '순종적인 거짓자기'와 '부정적인 거짓자기' 2가지로 나눌 수 있는데, 순종적인 거짓자기를 가진 사람은 S처럼 실제 자신의 마음과 상관없이 상대방이 원하는 대로 말하고 행동합니다. 반면에 부정적인 거짓자기를 가진 사람은 상대가 원하는 바와 무조건 반대로 행동합니다. 그래서 조금은 반항적이고 문제가 되는 행동을 일삼습니다. 순종적인 거짓자기이든 부정적인 거짓자기이든 모두 말과 행동의 기준이 자신이 아닌 타인이 중심이 되므로 진짜 나는 아닙니다.

S가 이렇게 다른 사람의 말에 무조건 수긍부터 하고 보는 사람이 된 이유는 어렸을 때부터 부모님 앞에서 순종적 거짓자기를 내보이는 것이 습관이 되었기 때문입니다. 이는 S의 삶에서 갈등이 있을 때마다 해결 기준이 되었습니다.

'요청을 거절하면 이기적인 사람이 되는 거야. 나쁜 사람이 되는 거지.'

'다른 사람의 감정을 상하게 하는 건 좋지 않아.'

'내 마음대로 하는 행동은 욕심부리는 거야.'

'사람들에게 외면당하지 않으려면 이 정도는 당연히 감수하고 살아야겠지.'

진짜 내 소리에 귀를 기울이면?

우리는 다른 사람들과 어우러져 살아가야 합니다. 함께 살아가기 위해서 어느 정도 나를 내려놓아야 하는지, 챙겨야 하는지 판단하기 어렵습니다. 내 안에서 올라오는 진짜 내 목소리를 들을 줄 알아야 합니다. 심리학자 브레네 브라운은 진실성을 갖는 일은 인간이 할 수 있는 가장 힘겨운 싸움이면서 가장 용감한 싸움이라고 했습니다.

어린 시절, 부모님에 의해 이미 형성된 가치 기준은 내 안에서 막강한 영향력을 행사합니다. 거짓자기로 만들어진 내면의 목소리를 이기는 일은 참으로 힘겹습니다. 아닌 건 아니라고 말하려 할 때, 진정한 애정과 친밀감을 내보이려 할 때, 별의별 생각이 머리를 헤집어 놓거든요.

그리고 불안과 두려움, 수치심, 죄책감 등의 감정을 일으키지요. 내면에 있는 복잡한 생각과 감정, 모두를 이겨야 하니 정말 어려운 싸움입니다. 배우자, 연인, 친구 가까운 사람들과 관련될수록 더 어렵습니다. 소중한 사람들이니만큼 외면당하고 싶지 않은 마음이 더 강렬할 테니까요.

기억할 부분이 있습니다. 이미 형성되어버린 나를 이기는 과정은 힘겹습니다. 하지만 부정적인 목소리를 모두 다 털어 내고 나면 한결 가벼워진 나를 만날 수 있습니다. 털어 내기 전에는 어렵다고 느꼈던 부분들이, 하고 나면 손바닥 뒤집기보다 더 쉽다는 바를 깨닫게 됩니다.

사랑받고 싶어서 쓴 가면이
나를 지운다

참자기와 거짓자기. 진짜 내 마음과 가짜 내 마음. 다른 사람 말에 복종적인 태도를 보이는 순종적 거짓자기, 타인의 말을 일단은 부정하고 보는 부정적 거짓자기. 모두 진짜 내 마음과 다른 모습입니다. 더 자세히 들여다봅시다.

순종적 거짓자기

순종하는 사람은 참 부드러운 얼굴을 하고 다른 사람이 가진 빛을 잘 흡수합니다. 다른 사람의 욕구와 기대를 잘 충족시켜 주지요. '당신이 원하는 대로 해 줄게요'라는 태도가 몸에 배어 있습니다. 그래서 자동으로 맞추려는 태도가 튀어나옵니다. 친절하고 부드러우면서 좋은 말만 하니까, 예의 있고 따뜻해 보이니까 사람들이 좋아하고 편안해합니다.

순종적인 거짓자기는 다른 사람을 기쁘게 해 주고 싶은 마음에서 출발합니다. 상대에게 긍정적인 반응을 끌어내기 위해 최대한 노력하는 거죠. 다른 사람에게 맞추고자 할 때 출발선은 '나는 다른 사람의 기준을 충족시키지 못하는 사람이다'라는 생각입니다. 자신에 대한 믿음이 부족한 상태죠. 그러니 자연스럽게 대하지 못하고 애를 씁니다.

장난감을 사달라고 떼를 써도 부모님이 나를 사랑한다는 확신이 들면 끝까지 포기하지 않고 조르겠지요. 상사에게 부당하다고 이야기할 때도 상사가 자신을 인정한다고 생각한다면 피할 이유가 없을 겁니다. 완전히 다른 의견을 내도 친구가 불편하게 여기지 않는다는 자신감이 있다면 의견을 피력하겠지요.

순종적 거짓자기를 가진 사람들은 이런 것들이 없습니다. 최대한 갈등을 일으키지 않고 주변을 조용한 상태로 만드는 장점이 있지만 속은 공허합니다. 타인을 먼저 생각하다 보니 자기가 원하는 게 뭔지 모르겠다고 말합니다. 착하게 열심히 살았는데 불구하고, 행복을 느끼지 못하니 언제까지 이렇게 살아야 하는지 답답합니다.

부정적 거짓자기

부정적 거짓자기를 가진 사람은 부드러운 가면보다는 거칠고 뾰족한 가면을 씁니다. 다소 공격적이기도 하고, 자기는 그 누구도 필요 없다는 태도를 내보입니다. 혹여나 상처받을 일이 생길까 봐 대항하고, 부정하며, 경멸하는 방식으로 미리 차단해 버립니다. 관계가 형성되기도 전에 끊어 버리지요.

이는 어떤 상황에서도 내 말을 들어주지 않는다는 생각에서 시작합니다. 어차피 들어주지 않을 것이라고 가정하니까 기분이 나쁘고 짜증이 나 있습니다. 그러니 다른 사람에 대해 일단은 거부하고 보는 거지요. 하지만 내가 뾰족하게 대하면, 상대 역시 기분 좋은 말이나 행동은 하지 않게 됩니다. 가장 안타까운 점은 부정적인 생각부터 하고 보는 성격 때문에 좋아하는 사람에게 좋은 마음을 전달하지 못합니다.

얼마 전 드라마를 한 편을 본 적이 있습니다. 어떤 이유로 엄마는 해외에 살았고 아들은 한국에서 지내면서 오랜 시간 갈등의 골이 깊었습니다. 엄마는 아들이 자신을 오해하고 있다는 점을 알고 있으면서도 오해를 풀려고 노력하지 않았습니다. 오히려 오랜만에 아들을 만났는데 투덜거리는 말투로 대했어요. 오랫동안 두 사람 사이를 지켜보던 지인이 엄마에게 왜 그렇게 아들에게 부드럽게 대하지 못하는지 물었습니다. 엄마는 '알잖아, 나는 좋아도 좋다고 말하지 못하는 거'라고 시큰둥하게 말합니다.

참 안타까운 장면이었습니다. 말 한마디로 천 냥 빚을 갚는다는데 이 엄마는 말 한마디로 아들과 자신에게 자꾸만 상처를 주니까요. 부정적인 거짓자기를 가진 사람의 가장 큰 특징입니다. 자신과 세상에 대한 믿음이 없을 때 일어나는 현상이지요. 좋은 마음을 상대한테 이야기하면 거절당하고 상처를 받을 것 같아서 전달하지 않습니다.

마음속에 좋은 마음을 꼭꼭 숨겨두거나 자신조차 외면하는 경우가 많습니다. 그러다 보면 나를 알아주는 사람은 왜 이렇게 없는지, 사람들은 자신을 왜 그리 멀리하는지 도통 알 수 없는 상황에 부닥칩니다.

진짜 나를 지키려면

순종적 거짓자기는 자기를 잃어버린 채 타인의 욕망을 충족하는 양상이고, 부정적 거짓자기는 스스로를 보호하려다 마음의 문을 닫아 버린 상태입니다. 순종이라는 부드러움도, 부정이라는 거친 모습도 결국은 자신을 보호하지 못하고, 구출해 내지도 못합니다.

타인에게 복종하거나 타인을 거부하는 태도는 궁극적으로 내가 아닌 상대를 기준으로 생각하고 행동하는 태도이기 때문입니다. 기준은 나여야 합니다. 내가 선호하는 것과 그렇지 않은 것을 알아가고, 그에 맞는 행동을 해 나가야 합니다. 그리고 원하는 바를 정확하게 표현하는 습관을 길러야 내가 사라지지 않고 선명하게 남습니다.

나의 희생으로
남들의 행복을 바라던 마음에게

나는 다른 사람의 마음을 얼마만큼 충족시킬 수 있을까요? 일을 얼마만큼 완벽하게 처리해서 타인에게 인정받을 수 있을까요? 행위의 주체자는 나인데 기준을 다른 사람에게 둔다면 충족은 어렵습니다.

늘 밝은 모습으로 친구들과의 관계를 잘 유지해 오던 K는 자신이 참고 맞춰 주면 주변이 다 행복해지리라는 기대를 하고 있었습니다.

반항적인 거짓자기의 모습을 띠는 언니는 엄마와 늘 다투었어요. 언니는 자주 가출했고, 부모님의 경제적 상황을 고려하지 않고 무리하게 돈을 요구했습니다.

언니가 한바탕 집을 뒤집어 놓고 나가면, 엄마는 너무 힘이 드니까 울면서 K에게 하소연을 했습니다. K는 엄마를 위로하면서, 언니와는 다른 모습을 보여야겠다고 결심했습니다.

집에 들어갈 때마다 마음이 무거웠지만 현관문 앞에서 크게 숨을 쉬고 활짝 미소를 지었습니다. 기분이 좋지 않은 날에도 웃으면서 집에 들어갔습니다. 자신이 엄마의 비위를 더 맞추고 엄마가 좋아하는 행동을 하면 엄마 마음에 평화가 찾아와서 집이 안정되리라고 믿어서 그렇게 행동해 왔습니다. K의 기대와는 달리 엄마는 항상 힘들고 지쳐갔습니다.

과도한 완벽주의와 책임감

이런 성장배경으로 인해 K는 완벽주의 성향을 가지게 되었습니다. 엄마의 마음에 완벽하게 들면, 엄마의 기분을 꼭 맞춰 주면 상황이 좋아질 거라는 믿음으로 노력했습니다. 하지만 자주 좌절했습니다. 아무리 노력해도 엄마는 나아지지 않고 힘들어했으니까요. 완벽주의를 다룬 한 칼럼[6]에서는 완벽주의자들이 현실적으로 완벽이란 없음에도 불구하고 그것을 추구하다가 좌절에 빠지고 결국 우울증에 걸린다고 이야기합니다.

책임감이 지나친 사람은 자신의 진정한 욕구를 무시하고 책임감에 의해 행동하면서 괴로워할 수 있습니다. 완벽주의를 가지고 있는 K는 책임감까지 강합니다. 자신을 희생해서 가정의 안녕을 꾀하고자 했던 거죠.

완벽주의와 책임감이 항상 나쁜 것은 아닙니다. 일 하나하나 꼼꼼하게 챙기고 끝까지 책임지니까 성과가 좋습니다. 자연히 인정과 성공도 따라옵니다. 하지만 그러면서 자신의 욕구를 외면하는 문제, 타인에게도 과도하게 요구하는 문제를 양산하기도 합니다.

제게 상담받았던 한 분은 존경스러울 정도로 열심히 살아가셨습니다. 하는 일이 정말 많은데 모두 거뜬히 해냈습니다. 어느 날 사는 것이 너무 힘들고 화가 난다며 모든 걸 놓고 싶다고 하소연했습니다. 들어보니 어린 시절부터 맏이로서 동생들을 책임지면서 집안일도 도맡아 해 왔습니다. 사회인이 되어서는 강한 책임감으로 어느 하나 소홀하지 않게 일을 처리하여 사람들에게 인정을 많이 받았습니다. 하지만 지금은 다 진절머리가 나고 사람들이 싫어서 거리를 두기 시작했고 혼자 있을 때가 가장 편해서 집 밖으로 나가지도 않는다고 했습니다. 자신의 욕구를 배제한 채 살아가다 보니 지칠 대로 지친 거지요.

정작 나는 행복할까

둘 모두 자신의 욕구를 배제한 채 자신의 희생으로 주변을 기분 좋게 만들 수 있다고 생각했습니다.

하지만 K가 아무리 애를 써도 엄마를 행복하게 해 줄 수 없었습니다. 엄마가 겪는 고통의 원인은 언니와의 관계에서 비롯한 것이니까요. 상담을 받으신 분도 모든 일을 늘 책임감 있게 해와서 인정은 받았으나 마음 상태는 지칠 대로 지쳐 있었습니다. 그동안의 노력이 무색하게도 이제는 사람들과 거리를 두는 결과를 초래했습니다.

내 마음과 욕구를 외면한 채 누군가에게 무엇인가를 해 주기 위해, 타인에게 좋은 사람이 되어 주기 위해 노력하며 살다 보니 점점 자신을 잊어갔습니다. 도대체 만족의 기준이 무엇인지 알 길이 없는 상대에 맞추다 보니 자신을 더 닦달하고 더 몰아세울 수밖에 없었습니다. 끝이 보이지 않는 완벽함 속으로 나를 끌고 가야 하는 거죠.

완벽주의와 책임감. 착하고 성실한 심성이지만 이제 다른 사람의 안위를 살피기보다 나의 안녕을 돌보면 어떨까요? 잠시 잊었던 나를 제대로 볼 수 있기를 바랍니다.

끝없는 헌신,
내 마음은 부러져 간다

존경의 마음이 절로 생기는 분이 계셨어요. 이분을 소나무라고 부르겠습니다. 소나무가 지금까지 살아온 이야기를 듣고 있노라면, 가끔은 참으려고 애를 써도 눈물이 흘러내렸습니다.

지난겨울 축축한 눈이 유난히 많이 내렸어요. 이렇게 많은 눈이 내린 건 처음 보는 광경이었고, 경이로워서 동네 곳곳을 걸었습니다. 집 근처에 있는 산이랑 계곡에도 갔어요. 나뭇가지마다 높다랗게 쌓인 하얀 눈을 보면서 아름다움을 감상하는

데, 무거운 눈을 견디지 못하고 소나무의 나뭇가지가 우지끈 부러져 버렸습니다. 어떻게 큰 둥치를 가진 소나무가 부러질 수 있는지 의아했습니다.

부러진 소나무를 보고 있노라니 사람들의 인생이 떠올랐습니다. 참고, 견디며 애쓰다가 마음이 부러진 사람들. 분명히 누가 봐도 충직한 삶을 살았는데 고통과 허무에 시달리는 사람들. 이런 좋은 사람들이 왜 고통을 겪으며 살아야 하는지에 관한 답을 찾을 수 없어서 마냥 답답하기만 할 때가 있습니다. 아무리 고민해도 답은 보이지 않고 그분들의 삶이 달라지지 않는 현상을 목격합니다.

소나무도 그런 사람이었습니다. 참고 견뎌내면서 모든 걸 감당하면, 세상이 좋아진다고 믿었습니다. 가족이 더 행복해지길 바랐고, 친구들이 더 나은 관계를 맺기를 소망했습니다. 소나무의 인생은 '헌신'과 '희생', 두 단어로 표현할 수 있습니다.

'NO'라고 말하고, 이기적으로 살자

주변이 잘 굴러가길 바라는 마음만큼, '싫다'라는 말을 해 본

적이 없었습니다. 원하는 욕구를 드러낸 적도 없었어요. 자기가 욕구를 드러내면, 다른 사람이 누릴 영역이 줄어든다고 생각했습니다. 싫다는 말을 입 밖으로 꺼내면 가족과 친구들 사이에서 분란이 일어난다고 믿었습니다. 소나무의 가정에서는 심각한 폭력 상황이 일어나곤 했는데 그때마다 관심을 자신에게 끌어왔습니다. 가족이 깨질까 봐 두려워 지키고 싶어 했습니다.

그러는 동안 소나무의 등에는 무거운 눈이 계속 쌓여갔습니다. 견디다 견디다 못한 소나무에게는 극심한 우울과 공황이 나타나기 시작했고, 강박 증상이 심해져 외출하기도 어려워졌습니다. 사람들을 더 이상 마주할 수 없어 회사도 그만두었습니다. 다른 사람에게 언제나 '좋은 사람'이었던 소나무는 모든 짐을 짊어지다가 마음이 부러져 버렸습니다.

소나무는 이 모든 걸 뒤늦게 깨닫고 속상해했습니다. 자신이 그렇게까지 노력하고 있다는 것을 누구도 알아주는 사람이 없었습니다. 어떻게 그렇게까지 모를 수 있는지 상처를 많이 받았습니다. 모두가 자신에게 일을 떠넘기고 이용하려는 모습에 당황스러웠습니다. 우울과 공황을 앓기 시작하면서 가족이 자기를 도와주리라고 생각했는데 나 몰라라 하는 모습을 보고 한탄했습니다. 안타깝지만 소나무는 심각한 인지부조화를 겪고 있었습니다.

인지부조화는 미국의 사회심리학자 레온 페스팅거에 의해 제안된 개념입니다. 인지는 우리의 마음 안에 있는 생각, 태도, 믿음 등을 말하고, 부조화란 서로 모순적인 인지가 공존해서 충돌하는 상태를 말합니다. 즉 인지부조화란 한 사람 안에 완전히 상반된 마음이 함께 있어서, 심각한 스트레스를 받는 상태로 생각하면 되겠습니다.

소나무의 내면에서 '전체를 위해 희생해야 한다'라는 믿음과 '자신을 알아주지 않는 가족과 친구들에게 화가 난다'라는 생각이 충돌하면서, 심각한 인지부조화를 이루고 있었습니다. 두 마음이 동시에 올라올 때 자기 욕구는 보이지 않는 구석에 밀어두고 헌신하는 삶을 선택했습니다.

상담에 올 쯤에는 자신이 원하는 바가 무엇인지조차도 잊어버렸다고 했습니다. 숨어 있던 욕구가 올라오면 심각하게 혼란을 겪었어요. 언젠가는 욕구라는 본능이 발현되던 때도 있었던 것 같은데, 이제는 그 존재 자체도 느껴지지 않는다고 했어요. 진짜 마음을 아예 외면해서 차단해 버리는 극단적인 선택을 한 거죠.

소나무의 마음에 생긴 병은 원하지 않는 일, 하지 않아도 되는 일을 거절하지 못해서 발생했습니다. 그리고 오롯이 자신이 희생해야 한다는 생각 때문에 생겼습니다.

상반된 두 마음 중에서 하나만 선택하지 않고 상황과 맥락을 고려해 자신의 마음 상태를 살폈다면 현재의 삶은 달랐을 겁니다. 조정하고 균형을 맞추어 갔다면 우울과 공황, 강박증을 앓는 상태까지는 되지 않았겠지요. 인지부조화를 일부러 만들어 내지 않았을 겁니다. 주변 환경과의 관계에서 최대한 적응해 내려는 방법이었을 뿐이지요. 적응하기 위해, 더 잘 살기 위해 사용했던 방법이 나에게 상처를 준다면 이제는 바꿔야겠지요.

지극히 이타적인 삶을 살아왔던 소나무에 자기를 먼저 생각하는 이기적인 삶을 살아볼 것을 권했습니다. 그리고 원하지 않는 일은 당당히 거절하길 부탁했습니다. 다른 사람의 요구를 반드시 들어줘야 한다는 압박감에서 벗어나도록 안내했습니다. 상처받지 않으려면 거절이 필요합니다. 때로는 남을 거절해야 합니다. 또 어느 때는 압박감에 시달리는 자기 마음을 거절해야 합니다.

과도한 배려심 대신
'나'라는 중심축을 다시 세우자

앞서 말씀드린 소나무는 이름처럼 꿋꿋한 분이셨습니다. 누구도 감당하기 어려운 삶의 무게를 견디고 있었으니까요. 소나무를 바라보며 제가 품은 소망은 '당당함'이었습니다. 모진 시간을 버티고 견뎠던 힘을 이제는 타인을 위해서가 아니라 자신을 위해 당당하게 사용하길 바랐습니다.

소나무는 눈치를 아주 많이 봤습니다. 다른 사람의 바람을 절대로 거스르지 않았습니다. 타인에게 모든 순간을 맞춰 주면서 자신의 자아는 점점 시들어 갔습니다.

눈치를 본다는 건 다른 사람에게 맞추고자 하는 이타심이고 배려심이니 참으로 훌륭한 태도입니다. 하지만 남을 배려하더라도 '나'라는 사람의 주체가 되고, '나'가 중심이 잡힌 상태라야 너에게도 나에게도 건강한 관계입니다.

무조건 남에게 맞추는 일은 중심 기둥이 없는 나무와 같습니다. 나무는 무성한 가지와 잎으로 그늘을 만들어 누군가를 쉬게 해 주려 하고, 열매를 맺으려고 할 겁니다. 하지만 기둥이 약한 나무 밑에 가서 사람들은 쉬지 않습니다. 곧 무너져 버릴 듯한 느낌 때문에요. 오래 버티지 못해서 쓰러질 수도 있습니다. 열심히 노력한 만큼 열매도 맺어야 할 텐데, 열매를 맺기 전에 그만 넘어져 버리죠.

주체적으로! 당당하게!

눈치를 보는 삶은 주체적이지 못한 삶입니다. 중심 기둥이 빈약하거나 텅 빈 상태입니다. 중심축이 약하다는 말은 다양한 경우에 적용될 수 있습니다. 상황을 판단할 때 객관적인 자료나 정보를 이용하지 않고, 자기 생각만을 근거로 해서 판단하는 때도 해당합니다.

'아마 이럴 거야.'

'이런 걸 바라는 거겠지?'

객관적인 정보를 사용하지 못하는 이유는 주어지는 정보를 효용성에 따라 잘 분류해서 버릴 것은 버리고 취할 부분은 취해야 하는데, 취사선택에서 어려움을 겪기 때문입니다. 어떤 게 이롭고 해로운지 분간하지 못합니다. 중심축이 빈약하니 판단해야 할 때 흔들릴 수밖에요. 중심축을 잘 세워서 주체성이 발달하였다면, 외부에서 주어지는 정보를 활용할 때 '나'라는 거름망을 거쳐서 자신에게 이로운 부분은 소화하고, 해로운 부분은 배출하는 과정을 거칩니다.

<u>눈치를 과도하게 보는 사람은 '나'라는 주체적인 거름망을 사용하지 않고, '타인'이라는 거름망을 사용합니다.</u> 자신에게 이로운지 아닌지 분별하지 않은 채, 씹지도 않고 꿀꺽 삼켜서 소화시키려고 합니다. 그러면 체하고 탈이 납니다. 소화 능력을 살피지 않고 꿀꺽 삼켰으니 당연합니다.

소나무의 주체성이 부족한 모습은 자기 중심적인 사고와 연관됩니다. 항상 타인을 배려하면서 희생하며 살았는데 자기 중심적이라고 하니 좀 헷갈리죠? <u>자기 중심적 사고는 자신</u>

이 생각한 것 외의 다른 측면을 보지 못하는 사고 패턴입니다.

손을 쭉 뻗어 하늘에 손바닥을 대고 올려다보세요. 손바닥과 넓은 하늘이 함께 보일 겁니다. 자기 중심적인 사고는 손바닥 안의 생각이 전부라고 여깁니다. 주변에 분명히 하늘이랑 구름 등이 있는데도 주변을 보지 못합니다.

때로 손바닥을 눈앞으로 끌어다 놓고 나만 볼 필요가 있습니다. 어떨 땐 손을 치우고 하늘을 보아야 합니다. 동시에 같이 봐야 할 때도 있습니다. 손만 볼지, 하늘을 볼지, 같이 볼 것인지는 스스로 판단해야 합니다. 나와 주변을 살펴서 객관적인 정보를 모은 상태에서, '나'라는 중심축을 통해 결정하면 됩니다. 어느 날 소나무가 말했습니다.

"오늘 처음으로 눈치를 보지 않고, 말을 점검하지 않고 이야기했어요. 너무 시원해요."

이날부터 소나무는 진짜 원하는 바를 말하기 시작했습니다. 물론 처음 시작한 터라 어디에 초점을 맞춰야 할지 몰라서 난항을 겪기도 하고, 마음대로 했다가 실수한 적도 있었습니다. 그렇게 하나하나 익혀 나갔습니다.

점점 당당해졌어요. 당당하게 거절하고 당당하게 요구했습니다. 늘 사람들이 자신을 어떻게 볼지 걱정돼서 고개를 숙이고 다녔는데, 고개에 자동으로 힘이 들어갔다고 합니다. 소나무는 말과 행동에 '나'라는 기준을 세웠습니다. 자신이 만족하는지 아닌지, 정말 원하는 바인지 아닌지. 처음에는 '너무 이기적 아닌가?'라는 고민을 많이 했는데, 자신을 중심축으로 삼는 삶에서 편안함을 느끼면서 실천해 나갔습니다. 그렇게 마음에 여유가 생기니, 사람들도 자신을 편하게 대하고 대인관계도 편해졌다고 합니다.

　소나무는 내면의 힘이 아주 강한 사람이었어요. 처음부터 참고 버티는 힘이 대단했지요. 원래 가지고 있었던 강한 힘을 주체성을 발휘하는 데 쏟도록 전환했습니다. 주체성으로 전환된 힘의 크기는 실로 어마어마했습니다. 눈치 보지 않고, 자신을 중심으로, 당당하게 살아가고 있습니다.

3장

관계 속 내 상처의 시그널 읽는 법

'아는 것이 힘'이라는 말은
나에게도 적용된다

'너 왜 그랬어?'

이런 질문을 받으면 자칫 당황하거나 어떻게 답할지 몰라 허둥대는 경우가 있습니다. 분명히 내가 한 말과 행동에 대한 것인데 이유를 모르는 경우도 있고, 자신이 그런 말과 행동을 했다는 것 자체를 인식하지 못하는 경우도 많습니다.

우리는 자신을 잘 안다고 생각합니다. 하지만 나는 알지만 다른 사람은 모르는 영역이 있고, 상대가 알고 있는데 나는 미처 몰랐던 내 영역이 있습니다. 결국 우리는 나 자신과 상대방을 다 알지 못한 채 관계를 맺는 것입니다.

내가 아는 나의 모습으로 인간관계를 맺어갈 때는 크게 고민하지 않아도 됩니다. 내가 무슨 생각을 하는지, 어떤 감정인지, 어떤 행동을 하는지 아니까 충분히 조절할 수 있어요. 좀 더 적응된 방식으로 관계를 맺을 수 있습니다. 그러나 내가 모르는 내가 튀어나오면 당황스럽습니다.

느닷없이 화를 낼 때가 있습니다. 갑자기 화를 내고 나면, 당황스럽고 나중에 후회합니다. '그렇게까지 화낼 일은 아니었는데 왜 그랬지?'라고 반추합니다. 차분하게 말해도 되는데 그러지 못한 자신을 도통 이해할 수 없습니다. 내가 모르는 내 마음의 영역이지요.

변명하거나 거짓말하는 경우도 있습니다. 직장에 10분 정도 늦은 상황을 가정해 봅시다. 부리나케 달려가는 동안 머릿속에 온갖 말들이 돌아다닙니다.

'아팠다고 할까? 버스가 고장 났다고 할까?'

그냥 솔직하게 말하기로 결심해도 막상 상황이 닥치면 거짓말을 하기도 합니다. 역시 내가 모르는 내 성격의 한 부분입니다. 내가 나를 아는 영역도 있고 모르는 영역도 있다면, 각각 몇 퍼센트나 차지할지 궁금해집니다. 이에 대해 정확히 측정하는 도구는 없지만 학자들의 공통된 의견은 아주 극히 일부만 인식할 수 있다는 점입니다. 인지심리학이나 신경과학 분야에서는 우리가 인지해서 처리할 수 있는 정보의 양은 1% 정도밖에 되지 않고, 대부분은 무의식적으로 처리한다고 봅니다.

호기심으로 나를 알아가자

내 안에 어떤 감정이나 욕구, 충동이 숨어 있는지 알지 못하니까 내 행동을 통제하지 못할 때가 있습니다. 그러다 보면 관계에서 갈등이 일어나고, 느닷없이 행동했던 자신을 탓하기도 합니다. 반복되면 관계에서 자신감을 상실하게 됩니다. 이런 문제는 모든 사람이 평생에 걸쳐 마주하는 과제입니다.

내가 잘 모르는 영역이 있어서 어려움이 생기는 일은 극히 자연스러운 현상입니다. 내가 부족하거나 덜 노력해서가 아닙니다. 무의식의 영역을 다 알 수 없습니다. 다만 통제되지 않는 나의 행동 때문에 당황하는 경험을 자주 한다면, 나를 알아가고자 할 필요가 있습니다. 몰라서 저지르는 많은 실수를 줄일 수 있고, 좀 더 적극적인 행동을 할 수 있을 겁니다.

나 자신을 알고 싶을 때 활용할 수 있는 정신의 기능이 있습니다. 알고자 하는 욕구, 바로 '호기심'입니다. 호기심은 미지의 세계를 볼 수 있는 힘을 주고, 새로운 경험을 추구하는 건강한 활동입니다. 세상과 나를 이해할 수 있도록 도우며, 잘 적응할 수 있도록 나를 새롭게 조직화하기 위한 바탕을 마련합니다.

호기심으로 나를 탐색할 때 두려움이나 수치심으로 인해 주저할 때가 있습니다. 괜히 나쁜 면을 깨달을까 봐 걱정되고, 얼마나 한심한가 하고 실망할까 봐 두렵습니다. 2가지 모두 낯선 나를 마주할 때 생기는 자연스러운 마음입니다. 하지만 지금까지와는 다른 태도를 취할 수 있습니다.

나를 정확히 알고 나면 일어날 일에 대비할 수 있고, 상황이나 타인에게 휘둘리지 않을 수 있습니다. 내 안에 힘이 강해지지요. '아는 것이 힘이다!'라는 말은 나 자신에게도 적용되는 말입니다. 나를 아는 만큼 소통과 인간관계를 더 잘할 수 있습니다. 호기심으로 나에게 다가가세요. 그리고 이해를 위해 질문하세요. 호기심이 탐험가의 손이라면 질문은 현미경입니다. 호기심과 질문은 내가 잘 모르는 나의 영역을 잘 알 수 있도록 도울 겁니다.

'나에게 질문하기'
모호한 감정을 밝혀 주는 습관

각자 여러 문제를 들고 상담실 문을 두드립니다. 대인관계 문제, 진로나 학업 문제, 중독, 불면증, 불안 등 정말 다양합니다. 문제는 다양하지만 공통된 접근방법이 있습니다. 바로 '질문'입니다. 상담자는 내담자가 호소하는 문제를 들으면서 질문합니다. 질문을 받은 내담자의 머릿속에는 여러 가지 생각이 떠오릅니다. 그중 질문에 가장 근접하는 상황을 찾아냅니다. 마치 딱 맞는 퍼즐 조각을 찾아낸 것처럼요.

일상생활에서 사용하는 질문의 방식은 우리가 흔히 알고

있는 5W1H로 알려진 육하원칙을 활용하면 좋습니다. 우리의 뇌는 하나를 떠올리면 다른 하나가 연쇄적으로 생각나는 방식으로 작동합니다. 그 때문에 육하원칙을 순서대로 사용하기보다는 자신의 머릿속에 떠오르는 단상을 따라가는 게 좋습니다.

하나가 떠오르면 거기에 집중해서 생각하고, 이어서 되살아나는 기억과 단상을 추적하는 방식으로 해 나가면 됩니다. 불편했던 상황에 자꾸 접근하다 보면 나도 모르게 반복하던 관계의 어려움을 이해할 수 있습니다.

며칠 전 세탁소에서 있던 일이었습니다. 세탁소 주인이 버럭 씨에게 세탁물을 빨리 찾아가지 않는다고 투덜거렸어요. 버럭 씨가 많이 늦은 것도 아니고 완성되었다는 알림 문자도 주지 않았는데 재촉하는 모습이 영 언짢아서 따졌습니다. 대화하다 보니 늘 오던 문자가 이번에는 누락된 것이 맞았습니다.

버럭 씨는 그 실수에 대해 따져 물었습니다. 그런데 세탁소 주인은 사과는커녕 이제 오지 말라는 식으로 말했습니다. 정확히 오지 말라는 건지 물으니, 그렇다는 대답에 더 화가 났습니다. 다시는 안 온다고 말한 뒤에 집으로 돌아오면서도 기분이 계속 나빴습니다.

그런데 계속 곱씹다 보니 버럭 씨에게는 이런 식으로 화나는 일이 주기적으로 반복되고 있었습니다. 사소한 일인데 가슴에서 불이 나서 기어이 다른 사람들과 언쟁을 벌입니다. 그런 후에 집으로 돌아오면 온갖 상념에 시달립니다.

사람들은 어째서 그렇게 무책임한지 이해할 수가 없었습니다. 게다가 실수했으면 사과하면 되는데 사과할 줄도 모른다는 생각에 더 화가 났습니다. 한편으로는 상대방이 잘못했다고 생각해서 정당하게 화를 냈지만 기분이 영 찜찜합니다.

버럭 씨처럼 화가 나고 찜찜한 상황이 계속 반복된다면 육하원칙을 적용해서 자신에 대해 알아볼 필요가 있습니다. 질문하다 보면 깨닫는 지점이 있을 겁니다.

첫 번째, 누구(Who)에 관한 질문입니다.

- 나를 화나게 한 사람은 누구인가? **세탁소 주인**
- 이 밖에도 화가 났던 사람이 있나? **의사, 식당 주인**
- 이 사람들의 공통점은 무엇인가? **중년 남성**

두 번째, 언제(When)에 관한 질문입니다.

- 화가 나려고 하는 시점은 어떤 상황인가? **목소리 톤이 바뀔 때, 인상을 쓸 때**
- 화가 나면 언제까지 지속되는가? **며칠 동안 생각난다**

세 번째, 어디(Where)에 관한 질문입니다.

- 그런 일이 자주 일어나는 공간은? **상점이나 서비스를 받는 곳**
- 화가 특히 더 자주 나는 곳이 있는가? **집**

네 번째, 무엇(What)에 관한 질문입니다.

- 그 상황에서 어떤 일이 일어났는가? **상대의 표정이 바뀌고, 나를 책망하는 말을 함**
- 내 안에서 어떤 생각이 올라왔는가? **나를 무시하나? 오지 말라는 건가?**

다섯 번째, 왜(Why)에 관한 질문입니다.

- 나는 왜 화가 났는가? **세탁물을 가져가지 않다고 비난함, 나를 거절하는 듯한 말을 함**

- 전에도 비슷한 일이 있었는가? **의사가 책망하듯이 운동하라는 말이 듣기 싫었음**

여섯 번째, 어떻게(How)에 관한 질문입니다.
- 이런 상황에서 나는 어떻게 대응하는가? **참는다, 억누른다, 논쟁한다**
- 이전에는 어떻게 했는가? **참는다, 억누른다, 논쟁한다**
- 이런 행동이 나에게 도움이 되는 점과 그렇지 않은 점은? **참으니까 가슴이 답답하고 더 화가 난다, 싸우니까 기분이 더 나빠진다**

자기 행동을 이해하고 싶은 상황에 이런 방식으로 질문하다 보면 패턴을 찾을 수 있습니다. 버럭 씨는 어릴 적부터 아버지에 대한 불만이 많았습니다. 그래서 아버지처럼 나이가 든 남성을 마주하면서 생기는 언짢은 일을 그냥 넘어갈 수가 없었습니다.

심리학자 카를 융은 자신을 알기 위해서는 "평생 스스로에게 물음을 던지면서 단서를 찾아가려는 노력이 필요하다"고 강조했습니다. 자신에게 던진 질문을 통해 나에게 무슨 일이 일어나고 있는지 알 수 있습니다.

　나에 대한 질문은 어려움에서 벗어날 수 있는 강력한 힘을 가지고 있습니다. 자신에게 호기심을 가지세요. 질문하는 법을 익히고, 질문하는 습관을 들이세요. 그러면 이유도 모른 채 짊어지고 있던 짐이 한결 가벼워질 겁니다.

부족해도 괜찮다는 생각이
마음을 해방시킨다

다른 사람에게 다가갈 때 나는 어떤가요? 당당한 태도로 자연스럽게 다가가서 말을 걸 수 있나요? 아니면 머뭇거리거나 주저하는 태도를 보이나요? 발걸음은 가벼운지, 마음속에 갈등은 없는지, 선뜻 말을 건넬 수 있는지, 시선은 상대를 향해 있는지, 말이 입안에서만 맴돌지는 않는지 등등 생각해 보세요.

다음과 같은 상황을 가정하고 또 떠올려 봅시다. 내가 당당하게 말할 수 있는가와 관련된 질문입니다.

- 실수했을 때 당당하게 인정할 수 있는가?
- 잘 모르는 부분은 모른다고 담담하게 말할 수 있는가?
- 여럿이 있는 상황에서 나만 못 알아듣는다고 느낄 때 다시 물을 수 있는가?
- 약속해 놓고 마음이 바뀌면 자초지종을 잘 설명하고 취소할 수 있는가?
- 다른 사람이 나에게 호의를 베풀 때 거절할 수 있는가?

우리는 실수를 들키지 않기 위해 노력합니다. 나의 어떤 모습에 대해서는 다른 사람이 모르길 바랍니다. 마음이 바뀔 때 일관성 없는 사람이라고 생각할까 봐 전전긍긍합니다. 합리적인 선택, 제일 나은 선택을 하지 못하면 스스로를 부족한 사람이라고 책망합니다. 뭘 모르면 바보 같다고 생각합니다. 이러한 자기 모습을 약점이라고 여깁니다.

그리고 최대한 약점을 들키지 않기 위해 열심히 포장하고 살아갑니다. 일종의 가면을 쓰는 거지요. 좋은 이미지를 갖고 싶고, 관계를 유지하고 싶어서 하는 행동인데 결과가 생각대로 이어지지 않습니다. 잘 보이려고 노력하다 보니 긴장하고, 긴장하니까 태도는 더 부자연스러워집니다.

약점은 드러내는 것

약점을 가리려고 하면 할수록 관계는 어려워집니다. 모르면 모르는 대로, 실수하면 실수한 대로, 어색하면 어색한 대로 나를 그대로 내보이면 상대는 나에 대해 잘 알 수 있습니다. 진솔한 나를 내보이지 않으면, 상대가 진짜 나를 알 수가 없습니다. 나를 제대로 모르는데 어떻게 깊이 이해하고 공감할 수 있을까요?

사실 나를 가리려고 하는 행동의 초점은 나에게 가 있습니다. 내 생각에 빠져 있는 상태입니다. '나를 이상하게 볼 거야' 라는 생각을 정답으로 취급하는 행동이지요. 그렇게 나를 가리기 위해 애쓰는 동안 상대를 고려할 틈이 없습니다. 그러니 상대를 온전히 이해하는 것도 어렵습니다. 더 나은 관계를 위한 시도인데 점점 곤란 속으로 빠져듭니다. 노력했는데도 어려움이 계속되니까 많은 분이 아예 인간관계를 포기해 버립니다.

상담할 때 제가 정성을 많이 쏟는 부분이 있습니다. 약점에 대한 노출입니다. 약점을 노출하고 나면 마음이 편합니다. 더 이상 감추기 위해서 노력하지 않아도 되니까요. 가면을 쓸 일도 없고 나를 어떻게 생각할까에 대한 걱정에 시달릴 필요도 없습니다.

그러면서 마음의 여유가 생깁니다. 나를 자연스럽게 내보일 수 있는 여유, 상대를 볼 수 있는 여유가 생기죠. 서로를 볼 수 있을 때 관계는 편안해집니다. 여러 내담자분이 약점을 내보이고 나니까 상대도 자신의 어려움을 이야기하면서 서로 더 깊은 관계를 맺을 수 있었다는 말씀을 많이 하십니다.

실수했을 때, 상대를 이해하지 못할 때, 마음이 변덕스러울 때 스스로 잘못한다고 생각하지요. 이런 모습을 들키기 꺼리고요. 누구나 실수할 수 있고, 모른다고 말할 수 있고, 마음을 바꿀 수 있습니다. 더는 이 모든 것을 감추기 위해 전전긍긍하지 말고 좀 더 편하게 자신을 내보이면 어떨까요?

나는 거절 민감성이 높은 사람일까?

사람은 누구나 수용되기를 바라고 거부되는 상황을 피하고 싶어 하는 마음이 있습니다. 기본적인 욕구이면서 인간 행동의 핵심적인 동기이지요. 누구나 일상생활 속에서 거부되는 상황을 맞닥뜨리게 마련입니다. 언제 어디서든 일어날 수 있는 자연스러운 일이지요.

어떤 사람은 거절을 깊이 고민하지 않고 넘기는가 하면, 어떤 사람은 민감하게 반응합니다. 최근에는 지나칠 정도로 상처받는 사람이 증가하고 있습니다. 대부분은 모호한 단서나

반응에 민감해지면서 생깁니다.

민희와 지형은 연인관계입니다. 민희는 지형에게 늘 불만이 있었습니다. 지형은 약속을 잡는 데 소극적이고, 늘 비슷한 옷차림으로 데이트에 나오며, 무표정한 얼굴로 한숨을 자주 쉽니다. 처음에는 과묵하고 한결같은 모습이 좋았는데, 시간이 지날수록 자신에게 큰 애정이 없는 것처럼 느껴졌습니다.

민희는 사랑이 식었다는 생각이 휘몰아칠 때면 지형에게 헤어지자고 말했고, 점점 싸움이 잦아졌습니다. 헤어졌다 다시 만났다 여러 번 반복했습니다. 정말로 이별을 결심하면서 둘은 지금까지와 다르게 진솔한 이야기를 주고받았습니다.

민희는 지형이 한숨을 쉴 때마다 자기가 잘못한 것처럼 느껴진다고 했습니다. 잘 보일 필요도 못 느껴서 똑같은 옷차림으로 나오고, 만나도 재미가 없으니 무표정한 것 같다고 했습니다. 약속을 잡는 것에도 소극적인 지형의 눈치를 보면서 민희는 사랑이 식었을 거라는 두려움에 시달린다고 했습니다.

지형은 당황했습니다. 자신의 마음과 너무 다른 말들이 쏟아져 나오니까요. 지형은 무덤덤한 성격입니다. 누구를 만나도 표정 변화가 거의 없고 늘 비슷한 모습입니다. 또, 익숙함을 좋아해서 옷차림에 큰 변화를 주지 않는 편이에요. 보고 싶은 마음에 일로 지친 몸을 이끌고 데이트를 하다가 피곤함이 표정과 몸짓에 드러나기도 했습니다. 이 모든 건 그때그때 상황에 따라 나타나는 현상이지 민희와는 아무런 관련 없었습니다.

민희는 지형의 한숨, 무표정, 옷차림 등 직접적이지 않은 모호한 단서를 과도하게 해석해 버린 거죠. 민희는 상당히 고통스러웠을 겁니다. 사랑이 식었다고 느낄 때 얼마나 마음이 아플까요? 견디다 못해 헤어지자는 말이 나왔겠죠.

민희는 거절 민감성이 높은 사람입니다. 거절에 대한 두려움이 너무 커서 오인하는 거죠.

거절 민감성이 높은 사람의 모습

거절 민감성이 높은 사람들은 몇 가지의 특성이 있습니다. 첫째, 거절에 대한 두려움이 강합니다. 둘째, 거절을 예측하는 습관이 있습니다. 셋째, 모호한 단서를 민감하게 포착합니다. 넷째, 수용 받고 싶다는 강렬한 기대감이 마음속에 가득 차 있습니다. 각 특성은 하나가 작동되면 연이어서 상승합니다.

거절에 대한 두려움이 강해서 사소한 일에도 거절을 예측합니다. 부정적인 감정들이 밀려오면서 평정심을 점점 잃어갑니다. 평소의 따뜻한 말투는 점점 사나워지고 눈빛이 바뀝니다. 이럴 때 민희는 지형에게 시비를 걸고 화를 내며 헤어지자는 말까지 했습니다. 압도되는 정서가 해결되지 않아서 그런 것입니다.

거절 민감성이 높으면 대인관계에서 쉽게 불만이 쌓입니다. 혼자 마음속으로 키운 미움이 불거져 나오면, 언어적·비언어적으로 공격을 하거나 낙담해서 대화를 단절하고 거리를 두기도 합니다. 결국 더 이상 관계를 이어 나갈 수 없게 되는 것이죠.

나는 어떤 사람인가요? 민희처럼 거절 민감성이 높은 사람일까요? 아니면 그럴 수도 있지, 하면서 넘어가는 사람일까요? 지난 경험을 떠올려 보면 도움이 됩니다. 떠오르지 않는다면 상황을 가정해도 좋습니다. 다음의 상황을 나에게 적용해서 생각해 보세요.[7]

상황 1. 연인이 친구와 약속이 있다고 했습니다. 함께 있고 싶을 때 같이 있어 달라고 요청할 수 있나요? 요청했을 때 들어

줄 것이라고 예상하나요? 아니면 거절할 것 같아 불안한가요?

상황 2. 친구와 심하게 다투고 나서 먼저 다가가서 말을 걸 수 있나요? 말을 걸었을 때 호응해 주리라 예상하나요? 아니면 다가가는 행동을 주저하거나 걱정하나요?

상황 3. 안면은 있지만 친하지 않은 사람에게 커피를 마시자고 제안할 수 있나요? 제안했을 때 받아들여 줄 것을 예상하나요? 아니면 거절할 것 같아 불안한가요?

상황 4. 휴가 기간에 친구에게 여행을 가자고 제안할 수 있나요? 제안했을 때 받아들여 줄 것을 예상하나요? 아니면 거절을 걱정하나요?

상황 5. 직장을 그만뒀을 때 부모님께 솔직하게 말하고 지원 요청을 할 수 있나요? 요청이 받아들여지리라 예상하나요? 아니면 도와주지 않을까 봐 걱정되고 불안한가요?

거절,
내 존재에 대한 거부가 아니다

사실 거절 민감성이 높은 사람들은 과거에 거절당한 경험이 누적되어 있습니다. 인간관계에서 받은 상처가 고스란히 가슴에 남아 있는 거죠. 마음속 깊은 곳에 '요청하면 안 돼! 당연히 거절당할 거야!'라는 생각이 강하게 자리 잡고 있습니다. 한두 번 거절당했다고 이런 생각에 사로잡히지는 않습니다. 민감하게 반응하는 어떤 정신적 요소와 연관이 됩니다.

거절 민감성은 애착과 관련이 있습니다. 애착은 태어나는 순간부터 만들어질 준비를 하고 있다가 7-8개월 사이에 본격적으로 형성되기 시작해서 36개월 정도에 완성됩니다. 이때 '애착이 안정적으로 형성되는가, 불안정적으로 형성되는가'의 여부가 중요합니다.

안정적으로 애착이 형성되었나?

안정적으로 애착이 형성되면 사람에 대한 믿음이 있고, 자신감을 가지고 관계에 임할 수 있습니다. 불안정적으로 애착이 형성되면, 잠재의식 속에 있는 자신과 타인에 대한 부정적인 이미지가 관계를 맺는 데 장벽이 됩니다. 사람들을 피하거나 관계를 맺으면서도 걱정과 불안을 품고 살아가지요.

앞서 세상과 자신에 대한 믿음을 이야기할 때 언급했던 내용을 애착과 관련지어 더 자세히 살펴보겠습니다. 애착도 우리가 아기일 때 주 양육자와 관계를 맺으며 형성됩니다. 아기는 스스로 욕구를 해소할 수 없으므로 주 양육자와 완전히 의존합니다. 먹기, 자기, 배설하기, 이동하기, 옷 입기 등 아주 가벼운 일상생활조차 혼자서 해낼 수 없습니다. 졸려도 스스로 잠을 청하는 법을 모르고, 추울 때 추위를 달래는 방법을 알지 못합니다.

아기의 욕구는 생존과 직결됩니다. 살아내는 데 필수적인 욕구가 해소되지 않을 때 아기는 어떨까요? 이루 말할 수 없는 고통 속에서 허우적거립니다. 아기의 울음은 고통의 표현입니다. 욕구가 해소되면 아기는 금세 안정됩니다. 하지만 울어도 울어도 해소되지 않고 계속 그대로라면 불안정한 상태에 노출됩니다.

아기가 안정을 느끼기 위해서는 필요한 것은 단 하나입니다. 바로 '주 양육자의 즉각적인 반응'이에요. 울었을 때 바로 반응해서 욕구가 해소되면, 아기는 편안하고 기분 좋은 상태로 돌아옵니다. 이렇게 편안하고 기분 좋은 상태를 얼마나 경험했는지의 정도에 따라 성격 발달이 달라집니다.

아기는 처음에 자신과 타인을 구분하지 못하다가 인지가 점점 발달하면서 구별하기 시작합니다. 자기개념이 생기려고 할 때 현재 상태가 편안하다면 괜찮은 자기상을 만들겠지요. 타인에 대해서도 마찬가지입니다. 안정된 상태에서는 상대를 좋은 사람으로 인식합니다. 또한 즉각적인 반응을 얻었기에 자신이 요구하면 바로 들어줄 거라는 환경에 대한 믿음이 잠재의식 속에 자리 잡습니다.

욕구에 대한 불편감이 지속되면 아기는 불안에 휩싸입니

다. 불안정한 상태에서는 자신뿐 아니라 타인을 좋은 사람으로 인식하기 어렵지요. 분명히 울음을 통해 자신이 처한 상황을 알리고 욕구를 표현했는데 들어주지 않으니, '상대가 내 말을 들어주지 않는다'라는 가정을 하게 됩니다. 해소해야 할 욕구가 생겨도 주 양육자가 들어줄 것인지 확신이 없어서 표현조차 망설이게 되지요. 그렇게 두려움과 공포, 불안의 상태에 놓입니다.

안정적 애착이 형성되는가, 그렇지 않은가는 삶의 질, 태도, 자기상과 타인에 대한 이미지 등 많은 부분과 관련됩니다. 애착이 불안정적으로 형성된 경우, 심하면 자신의 존재감마저 의심합니다. 간혹 '대체 왜 태어났는가?'에 대해 회의적으로 생각하면서, 태어나지 말아야 했을 존재로 인식하기도 합니다. 이 생각 때문에 고통을 겪는 분이 생각보다 많습니다.

거절에 대한 상처는 불안정 애착에서 시작된다

세상에 대한 첫 출발이 불안과 걱정으로 시작된다면 이후에 어떤 삶을 살게 될지 정말 아찔합니다. 그다지 치명적이지 않은 내용으로 거절을 받아도 큰 상처를 입습니다. 이미 잠재의식 속에 거절 받을 것이라는 예상이 세팅되어 있고, 거절 받았던 상처를 품고 있으니, 고통은 이미 준비가 되어 있는 셈입니다.

거절에 대한 상처로만 남으면 그나마 다행입니다. 스스로를 거의 채찍질하는 수준으로 깎아내리고 비난하면서 어려움이 더 커집니다. 상대가 거절했을 때 '거절할 수밖에 없는 상황이겠지'라고 여기면 그만인데, '내가 잘못해서 그럴 거야', '나를 싫어해서 거절하는 거야', '내가 못났으니까 당연한 거야'라며 생각을 키워갑니다. 거절의 이유를 객관적인 상황에서 찾지 않고, 나이기 때문이다'라는 왜곡된 사고를 합니다. 그러면서 늘 나는 거절당하는 사람이라는 가정하에 인간관계를 만들어갑니다.

잠시 생각해 봅시다. 내가 누군가의 요청을 거절할 때 그 사람의 인격 자체를 거절하나요? 아닙니다. <u>요청한 내용을 거절한 거죠.</u> 친한 친구가 이사하면서 도와달라고 했는데 거절했다면, 시간이 안되거나 건강 상태가 좋지 않아서 거절한 겁니다. 만나자는 제안을 거절했다면 상황이 마땅치 않아서 <u>'그 순간의 만남'을 거절한 거죠.</u>

거절당하는 상황을 과민하게 해석하는 분들은 나를 거절했다'라고 생각합니다. 내 존재 자체를 거절한 것으로 생각하는 거죠. 거절은 나에 대한 거부가 아닙니다. 대부분 애착이 안정적으로 형성되지 않은 탓에 왜곡된 해석을 하는 거죠. 애착이 안정적으로 형성되는 데 내가 이바지하는 부분이 많지 않습니다. 스스로 할 수 있는 바가 없는 아기 시절에 일어나는 일이라서 그렇습니다. 주어진 환경의 영향이 큽니다.

꼭 기억하세요. 상대가 나의 부탁을 거절한다면, 나라는 사람 자체를 거절한다는 의미가 아닙니다. 부탁의 상황만을 거절했을 뿐입니다.

관계의 패턴에서
발견할 수 있는 나의 상처

앞에서 말씀드린 애착유형은 성인기까지 이어집니다. 아기일 때 주고받은 주 양육자와의 경험이 자라면서 맺는 모든 친구 관계, 연인관계, 동료관계에 영향을 준다니 참으로 놀랍지요. 지그문트 프로이트는 이런 현상에 '전이'라는 이름을 붙였습니다. 전이는 "콩 심은 데 콩 나고, 팥 심은 데 팥 난다"라는 속담을 활용해서 이해해 보면 좋습니다. 부모님과의 관계에서 안정적 애착이라는 콩이 심기면 다른 관계까지 적용이 된다는 말입니다. 반면에 불안정 애착이라는 팥이 심기면 친구,

연인, 동료관계에서 어려움을 겪을 수 있다는 뜻입니다.

결국 전이는 생애 초기에 중요한 사람과 맺은 관계 패턴을 다른 사람에게 적용하는 정신작용을 의미합니다. 예를 들어 설명할게요.

B는 사람들과 쉽게 친해지는데, 시간이 조금 지나면 관계가 끊어집니다. B는 사람들이 무엇을 필요로 하는지 금세 알아차립니다. 상대의 가려운 곳을 잘 긁어 주지요. 모임이 있을 때 늘 먼저 나서서 일을 처리합니다. 사람들은 B에 대해 따뜻하고 친절한 사람으로 생각합니다. 자주 연락하고 곧잘 도움도 요청합니다. 그런데도 관계가 길게 이어지지 않습니다.

C는 대인관계에 의문이 있습니다. C는 사람을 좋아하고 말을 재미있게 잘합니다. 또 항상 열심히 뭔가를 알려 줍니다. 사람들은 C가 재미있어서 자주 연락하고 만나다가 점차 거리를 둡니다. C는 대인관계에서 늘 최선을 다하는데 번번이 자신과 멀어지고 변해 버리는 사람들이 원망스럽습니다. 원인이 뭘까 깊게 고민해 봐도 모르겠습니다.

D는 열등감이 심합니다. '너는 나보다 나아'라는 생각을 365일 품고 있습니다. E를 만나면 '나보다 예쁘네', F를 만나면 '나보다 말을 잘하지', G를 만나면 '나보다 성격이 좋아'라고 생각합니다. 언제나 사람들과 자신을 비교하며 스스로 작아집니다. 못난 자녀라고 생각해서 부모님 앞에서 위축되어 있고, 부족한 사람이라고 생각해서 친구나 동료를 만나면 의견을 말하기보다 맞장구치고 웃기만 합니다.

우리가 각각 지닌 성격적, 행동적 특성은 일거수일투족에서 발현됩니다. 바로 전이 현상 때문입니다. 콩이 심겼으니 여기저기서 콩이 자라나는 거지요. 이에 따라 사람을 대하는 방식과 관계에서도 패턴이 나타나는데, 한 명씩 살펴봅시다.

B는 사람들의 필요를 충족시켜 줘야 한다는 압박감이 있습니다. 어려움을 미리 헤아려 필요를 충족시켜 주고, 기꺼이 도왔습니다. 사람들로부터 '고맙다'라는 말을 들을 때마다 뿌듯하고 존재감이 느껴집니다. 기분이 좋아서 더 열심히 다른 사람에게 봉사하는 삶을 살아갑니다. 하지만 정작 B가 도움이 필요할 때는 사람들이 외면하는 것 같습니다. 자신이 타인을

돕는 만큼 자신을 돕는 사람은 없었습니다. 이런 상황에서 상처를 받은 B는 곧바로 잠수를 타 버립니다.

C는 말을 잘하는 만큼 많이 합니다. 다른 사람들이 말하면 듣기보다는 자신의 의견만 말하고, 상대의 의견을 조목조목 반박합니다. 누가 일상을 이야기하면 그 일에 대해 일일이 해석해서 열심히 알려 줍니다. 어떤 물건에 대해 말하면 어떻게 만들어졌는지, 다른 물건과의 차이점은 무엇인지 상대가 알고 싶어 하지 않는 정보까지 쉬지 않고 말합니다. C는 평소에 다른 사람이 자기 말을 수용해 주길 바라고, 그 때문에 대화를 꼭 자신이 끝마쳐야 만족합니다. 그래서 듣기보다는 자꾸만 말하려고 듭니다.

D는 유능한 사람이 되고 싶었습니다. 사실 D는 성적도 아주 우수하고, 누구나 부러워하는 회사에 다니고 있습니다. 남들이 보기에는 부족한 점이 없는데도 D는 스스로에게 자신이 없습니다. 어디서든 자신의 의견을 적극적으로 주장해 본 적도 없고 진심을 전한 경험도 없습니다. 여러 사람 앞에서 말하는 일이 곤혹스럽기만 합니다. 웬만하면 사람들을 피하고 싶

은 마음이 간절합니다.

전이가 B, C, D에 어떻게 발현되는가를 살펴보면 다음과 같습니다.

B는 어릴 때 부모님이 많이 싸웠습니다. 엄마는 속상해하면서 우시는 일이 잦았어요. B가 집안일을 하거나 좋은 성적을 받으면 엄마는 웃으면서 '고맙다, 내가 너 때문에 산다'라는 말씀하셨습니다. 이 말을 들으면 안심이 되고, 엄마를 위해 무엇인가를 했다는 자부심이 생겼습니다. 그래서 항상 다른 사람의 기분을 살피고 필요를 충족시키는 패턴을 만들었던 것입니다.

C의 아버지는 말이 통하지 않고 엄한 사람이었고, 엄마는 자아가 너무 약해서 아버지가 고집부릴 때 대항 한번 하지 못하고 화병이 들었습니다. C는 어릴 때부터 당돌했습니다. 엄마 대신 아버지께 대들었습니다. 엄마는 남편보다 믿고 의지할 수 있고, 당차 보이는 C에게 모든 것을 의존하고 의논했습니다. C는 늘 엄마에게 이래라저래라 지시하고, 의존적인 엄

마는 이를 받아들였습니다. 그리고 자연히 엄마와 주고받던 관계를 다른 사람에게도 적용했습니다. 그게 좋은 관계라고 생각한 거지요. 다른 사람으로서는 죄다 지시하고 가르치려 드니, 거리를 둘 수밖에요.

D의 부모님은 유명한 법무법인의 변호사입니다. 사실 부모님은 D가 어렸을 때부터 성에 차지 않았습니다. 그걸 D도 알고 있었습니다. 그래서 이미 공부를 잘하는 편인데도 1등을 하지 못하거나 만점을 받지 못하면 자신을 한없이 깎아내렸습니다. 한 번도 자신이 뭘 잘한다는 생각을 가져 본 적이 없습니다. '잘한다'의 기준이 유능한 부모님이다 보니 늘 자신을 깎아내리는 패턴을 만들어냈던 거지요.

사람들과 관계를 맺을 때 자신을 관찰하세요. 그리고 패턴을 파악해 보세요. 일정한 경향성을 가지고 있으니까요. 관계를 유지하지 못하거나 불편한 관계가 되고 마는 패턴이라면 어디부터 시작되었는지 생각해 보세요. 함께 이야기한 애착 유형과 전이를 잘 생각해 보시면 도움이 됩니다. 전이를 통해 형성한 관계의 바탕에는 지금의 경험이 아닌 어릴 적 경험이 있습니다. 어릴 적 경험이 느낌을 만들어서 나를 착각에 빠뜨리는 정신작용에 불과합니다.

'내가 널 잘 알아'라고 하는 순간, 관계에 균열이 생긴다

친구 관계 또는 연인관계를 맺어갈 때 처음에는 비슷한 취미나 관심사 등을 공유하면서 시작합니다. 성격이 비슷해 보여 서로 끌리기도 하고요.

꼼꼼이와 헐렁이는 대학교 음악감상 동아리에서 만났습니다. 음악 취향이 비슷해서 대화를 하면 어떻게 흘러갔는지도 모르게 시간이 후딱 가버렸습니다. 그리고 우정이 점점 깊어지면서 살면서 힘들었던 이야기, 가정사, 학창 시절에서 따돌림을 당했던 일, 연애사 등 깊은 이야기를 나누며 의지하게 되었습니다. 둘은 학교를 졸업한 후에도 절친한 친구로 관계를 이어갔습니다.

물론 다른 점도 많았습니다. 꼼꼼이는 약속 시간을 잘 지키는데, 헐렁이는 시간관념이 느슨합니다. 꼼꼼이는 종종 다른 사람들에 대한 험담을 하는데, 헐렁이는 험담을 좋아하지 않습니다. 꼼꼼이는 경제관념이 뚜렷해서 정확하게 계산하기를 좋아하는데, 헐렁이는 두루뭉술합니다. 꼼꼼이는 동아리 활동에서 열정을 다하는데, 헐렁이는 대충해 버릴 때가 있습니다.

시간을 철저하게 잘 지키는 꼼꼼이로서는 약속을 번번이 깨거나 늦게 오는 헐렁이의 행동이 이해되지 않았습니다. 헐렁이는 비용을 계산할 때 자기 돈만 아끼며 일부러 돈을 내지 않으려는 모습도 보였습니다. 처음에 쏟아 내던 음악에 대한 열정은 잘 보이지 않고 마냥 놀기 위해 동아리에 오는 것 같고, 책임감이 부족해 보이기도 했습니다.

꼼꼼이는 이런 헐렁이가 걱정되었고, 헐렁이를 위해서 일러 줘야겠다고 생각했습니다. 기회는 자주 찾아왔습니다. 편하고 좋은 관계인 만큼 헐렁이는 자기 일상에 대해 많은 이야기를 전했습니다. 회사에서 있었던 일, 집에서 어려웠던 일, 다른 친구와의 관계에서 불편했던 점 등에 대해 말했습니다. 이때마다 꼼꼼이는 열심히 충고했습니다.

"회사에서 좀 더 열의를 보여 봐. 너는 동아리 활동도 건성건성 하잖아. 너의 그런 태도가 일할 때도 나타나지 않겠니?"
"약속 시간 잘 지켜. 기다리는 일이 얼마나 힘든지 알아? 너는 사람은 참 좋은데 기다리게 하는 면이 있어."
"뭘 그리 가족한테 잘하려 해? 그거 가족한테 매달리는 거야. 너나 좀 잘 챙기면서 살아."

처음에 헐렁이는 꼼꼼이의 말을 듣고 '나한테 그런 면이 있나 보다' 생각하며 고개를 끄덕였습니다. 하지만 자꾸 지적하는 말을 듣다 보니 가슴이 답답해졌습니다. 꼼꼼이와 대화하는 시간이 참 좋았는데, 이제는 불편했습니다.

'내가 정말 동아리 활동을 건성건성 했나?'
'꼼꼼이의 말처럼 그렇게까지 시간을 안 지키나?'
'내가 가족한테 매달리나?'

시간이 지나면서 점점 꼼꼼이의 말에 반발심이 생겼습니다.

'자기가 뭘 안다고 나에 대해 단정적으로 말하지?'
'왜 저렇게 아는 체하나?'

헐렁이는 꼼꼼이처럼 열정적으로 동아리 활동에 임하지 않았지만 나름대로 최선을 다했습니다. 그리고 꼼꼼이를 보며 왜 저렇게까지 동아리 활동에 집중하는지 종종 궁금하기도 했습니다. 헐렁이는 약속에 조금 늦기도 하고, 취소할 때도 있지만 그것 때문에 문제가 된 일은 별로 없었습니다. 시간관념에 대한 지적은 꼼꼼이한테 처음 받았습니다.

헐렁이가 보기엔 꼼꼼이는 완벽주의를 가지고 있었습니다. 시간이나 계획이 조금 바뀔 수도 있는 건데 융통성이 부족해 보였습니다. 그리고 헐렁이가 큰 문제가 있는 사람인 것처럼 하나하나 고치라고 말하는 게 황당했습니다.

사람은 자신의 시각과 기준에서 타인을 판단하기 마련입니다. 단지 꼼꼼이의 기준에서 헐렁이가 문제가 있었을 뿐이죠. 지구상에 81억 명의 인구가 살고 있고, 대한민국에는 5,200

만 명이 살고 있습니다. 한 사람의 생각은 지구인 81억 명 중 한 명의 생각이고, 대한민국 국민 5,200만 명 중 한 사람의 의견일 뿐입니다. 둘이 앉아 있다면 한 사람의 생각일 뿐입니다. <u>한 사람의 생각은 전체가 아닙니다.</u> 그렇기에 우리는 다 안다고 생각하면 안 됩니다.

"열 길 물속은 알아도 한 길 사람 속은 모른다"라는 속담이 있습니다. 깊은 이야기를 누구보다 많이 나누는 관계이더라도 상대방을 다 알 수 없습니다. <u>'내가 너를 잘 알아' 하는 순간, 착각에 빠진 것입니다.</u> 우리는 서로 모릅니다. 그 때문에 누가 나를 다 아는 것처럼 이야기할 때 보호막이 필요합니다. 나 또한 다른 사람을 함부로 판단하는 일을 경계해야 합니다.

서로 다른 감정의 파고를
이해하자

앞에서 꼼꼼이와 헐렁이에 대해 이야기했습니다. 꼼꼼이와 헐렁이는 진정으로 친한 사이였지만 시간이 지나면서 조금씩 균열이 생겼습니다. 꼼꼼이의 과도한 걱정과 충고로 인해 헐렁이의 마음이 불편해지기 시작했습니다.

처음에 헐렁이는 자기가 예민하게 받아들인다고 생각했습니다. 꼼꼼이만큼 자신에 대해 적극적으로 생각해 주고 걱정해 주는 사람이 없는데, 괜히 친구에게 나쁜 감정을 품은 자신을 탓했어요.

때로 꼼꼼이가 적극적으로 충고해 준 덕분에 마음이 안정될 때도 있고, 실제로 도움이 될 때도 있으니 더더욱 자신을 탓했습니다.

'예민함'이라는 원인을 찾았으니 해결은 간단했습니다. 예민함을 내려놓고 꼼꼼이의 진심을 받아들이기만 하면 되리라고 생각했습니다. 헐렁이는 꼼꼼이의 충고를 받아들이기 위해 노력했습니다. 하지만 시간이 지나도 해소되지 않고 불편감은 더해 갔습니다. 시간을 잘 지키지 않는다는 말, 가족에게 너무 매달린다는 지적, 가르치려는 태도, 헐렁이가 말하면 반박하려는 성향, 회사 일에 대해 말할 때 자기보다 더 화내는 모습 등이 견디기 힘든 지점이었습니다.

넘치는 마음은 NO! NO!

여기에서 중요한 부분이 있습니다. 바로 꼼꼼이의 감정 과잉입니다. 꼼꼼이는 헐렁이를 진심으로 아끼고 헐렁이가 정말로 더 잘 지내길 바라는 마음이 컸습니다. 그래서 헐렁이가 고민을 호소할 때마다 적극적으로 해결 방안을 제시했습니다. 혼자 있는 시간에도 마치 자기 일처럼 헐렁이의 일에 대해 고민했습니다. 헐렁이는 이미 잊은 일까지도요.

꼼꼼이가 적극적으로 헐렁이를 대할수록 헐렁이는 답답함을 느꼈고, 그 자리에서 벗어나고 싶은 마음이 간절해졌습니다. 이유는 필요 이상으로 꼼꼼이가 자신을 간섭한다고 느꼈기 때문입니다. 가끔 좋은 아이디어를 주는 꼼꼼이에게 고마운 마음이 들지만 더 많은 경우 그만 말하길 바랐습니다.

꼼꼼이는 헐렁이를 돕고 싶은 마음이 앞서서 헐렁이의 마음을 알아차리지 못했습니다. 헐렁이는 충고보다는 같이 이야기를 나누면서 웃고 싶었을 뿐이었습니다. 헐렁이가 꼼꼼이에게 고민을 이야기할 때 꼼꼼이의 생각만큼 심각한 상황이 아니고 가벼운 상황일 때도 많았습니다.

꼼꼼이의 생각처럼 반드시 고쳐야만 하는 상황도 아니고, 그다지 고통스럽지 않을 때도 있었어요. 꼼꼼이의 걱정이 지나쳤던 거죠. 헐렁이는 한 뼘만큼의 응원과 지지면 충분한데, 꼼꼼이는 열 뼘만큼 주고자 했고 결국 불편한 사이가 되어 버렸습니다.

<u>관심과 지지는 상대가 원하는 만큼만 줘야 합니다. 그 이상을 주고자 하면 받는 사람은 버겁습니다.</u> 대화하다 보면 나는 열심히 말하는데 상대에게 닿지 않는 느낌이 들 때가 있습니

다. 이때 마음이 넘쳐서 앞서 나가고 있지는 않은지 점검해 보면 좋습니다. 판단하기 어려우면, 상대에게 물어보면 됩니다. 충고하고 싶은 마음을 듣는 사람과 이야기해서 조절할 수 있다면 적절한 균형감을 갖춘 대화가 될 겁니다. 듣는 사람도 마음이 불편하다면 좋게 거절할 줄 알아야 합니다.

꼼꼼이는 열 뼘만큼 주고자 했다지만 실은 한 뼘도 되지 않는 마음을 주었을 뿐입니다. 왜냐하면 자기가 주고 싶은 마음에 빠져서, 딱 한 뼘이면 충분했을 상대의 마음을 헤아리지 못했습니다.

두 사람은 상대를 걱정한다면서 듣는 사람의 마음을 고려하지 않았고, 듣는 사람은 자기의 마음 상태에 대해 알려 주지 않았으니 어긋나 버린 것입니다.

필요한 만큼만 받을게요

충고는 그를 위해 하는 것이지 나를 위해서 하는 것이 아닙니다. 자기 마음에 취한 상태인지 점검하고, 듣는 사람이 원하는 바인지에 대한 고려가 필요합니다. 그리고 충고를 들었는데 마음이 불편하다면, 고마움과 함께 불편한 마음을 전달해서 선을 알려 주면 됩니다. 내가 원하는 정도는 내가, 상대가 원하는 정도는 상대가 결정하도록 하면 좋습니다. 기억하세요. 내 것은 내가, 상대의 것은 상대가 결정할 수 있도록 각자의 설정값을 잘 만들어 보세요. 그리고 나누세요.

4장

삶의 초점을 '나'에게 맞춘다

나를 힘들게 하는 감정에 이름 붙이기

한때 '원영적 사고'라는 말이 상당히 유행했습니다. 아이돌 그룹 아이브의 멤버 장원영의 사고방식을 일컫는 말입니다. 장원영이 빵을 사려고 줄을 섰는데 바로 앞에서 빵이 다 떨어지는 바람에 다시 새 빵이 나올 때까지 기다려야 했습니다. 보통 사람이라면 불평했을 텐데, 장원영은 갓 구운 빵을 살 수 있어서 오히려 좋다고 말했습니다. 사고의 전환으로 더 긍정적인 면을 찾아냈던 거죠. 새 빵을 기다리면서 기대감이나 가벼운 흥분감 등의 감정이 들었을 겁니다. 그리고 기분 좋게 빵을 사 갔을 겁니다. 기분 좋은 상태에서 먹는 빵은 얼마나 맛있을까요. 같은 상황에서 불쾌감이 폭풍처럼 밀려올 수도 있습니다.

지민은 오늘따라 되는 일이 없었습니다. 빵을 사러 가는 길에 차가 지나가면서 물을 튀겼습니다. 그리고 누군가 어깨를 쳐서 가방을 떨어뜨리고 속에서 물건이 쏟아졌습니다. 어깨를 친 사람은 사과도 없이 가버렸습니다. 불쾌한 일이 연이어 일어났는데, 마침 바로 내 앞에서 빵이 떨어진 겁니다. 지민의 마음속에서 짜증, 분노, 원망이 한꺼번에 올라왔습니다.

똑같은 일을 겪어도 그 사람의 마음 상태에 따라 감정은 달라집니다. 그 때문에 감정은 내 마음 상태를 아주 잘 비추는 거울이라고 할 수 있지요. 감정-생각-행동은 서로 영향을 미치기 때문에 자신의 감정을 잘 알아차리는 일은 중요합니다.
한번 기분이 나빠지면 일파만파 부정적인 생각이 퍼져 나가는 경험을 해 본 적이 있을 겁니다. 지민은 차가 물을 튀기고 가방이 떨어져 물건이 쏟아졌을 때 '어쩔 수 없지' 하면서 체념했을 수도 있습니다. 그러다가 빵까지 문제가 생기자 그

때부터 화가 치밀어 오르기 시작했을 수도 있습니다. 순식간에 이제까지 잘 안되던 일이 10개는 더 생각나고 세상이 자신을 만만하게 본다고 생각할지도 모릅니다. 빵 가게 직원을 탓하면서 시비 거는 행동을 할 수도 있습니다.

감정을 잘 다스려야 하는 이유입니다. 감정이 올라왔을 때 억압하고 참으라는 뜻이 아닙니다. 올라온 감정을 잘 살펴서 자신을 덜 괴롭히는 방향으로 관리할 수 있어야 한다는 말입니다. 우연히 좋지 않은 일이 계속된다고, 부정적인 생각에 빠져들거나 누군가에게 화풀이를 하면 기분은 점점 더 나빠집니다. 견딜 수 없어서 화를 낸 것뿐인데 나쁜 감정이 더 커집니다.

불편한 감정을 덜어 내려면?

상담에는 '외재화' 기법이 있습니다. 외재화는 불편한 감정을 내 안에서 밖으로 꺼내서 바라보는 것입니다. 검은색 상자 안에 도넛이 있다고 가정해 봅시다. 도넛이 있는지 모르는 상태에서는, 상자를 열어서 도넛의 모양과 냄새를 확인해야 먹을지 말지 결정하겠지요.

감정도 마찬가지입니다. 안에 가둬 놓고 있으면 실체를 알아차리기 어렵고, 관리하기도 쉽지 않습니다. 불편한 감정에 압도돼서 끌려다닐 수밖에 없습니다. 외재화 기법은 이럴 때 아주 효과적입니다. 다양하게 활용할 수 있는데, 가장 간편한 방법은 올라온 감정에 이름을 붙여 보는 겁니다.

지민의 상황에서 경험했을 만한 감정을 '뾰족한 눈덩이'라고 이름 붙여 보겠습니다. 기분 나쁠 만한 일이 자꾸 눈덩이처럼 불어나고, 화는 주체할 수 없는 만큼 커지니 이렇게 붙여도 좋을 것 같습니다. 이름이야 얼마든지 다양하게 붙일 수 있겠지요. 그다음에는 뾰족한 눈덩이를 바라보면서 질문을 던져도 좋고, 사람이라고 생각하고 대화를 나눠도 좋습니다.

<u>1단계는 이해의 과정입니다.</u> 왜 그리 뾰족한지, 몸집은 무엇 때문에 커지는지, 눈덩이로서는 형성되기 어려운 뾰족한 상태를 유지하는 이유는 무엇인지 등에 대해 질문하고 답을 찾아가면 내 감정에 대해 이해할 수 있습니다. 이해되는 것만으로도 마음이 약간 가라앉고, 객관적으로 볼 수 있는 힘이 생겨요.

<u>2단계는 수용 단계입니다.</u> 친구를 위로하듯이 뾰족한 눈덩이의 화난 마음을 받아 주고 공감해 보세요. 위로도 살짝 건네

면서요. 마음이 더 가라앉을 겁니다.

3단계는 해결 단계입니다. 또 물어보세요. 뾰족한 상태를 계속 유지하고 싶은지, 유지하고 싶지 않다면 방법은 무엇인지, 몸집을 줄이거나 모양을 바꿀 수 있는지, 더 좋은 상태를 유지하기 위해 어떻게 도와주면 좋은지 등에 대해 나와 이야기를 나누다 보면 불쾌한 감정에서 빠져나올 수 있습니다. 감정에 이름 붙이기 작업은 다음의 과정을 거칩니다. 불편한 감정이 나를 엄습할 때 시도해 보길 권합니다.

객관적으로 바라보면서 이해하기 → 수용하기 → 문제의 해결책 찾기

있는 그대로의 나를
볼 줄 아는 용기

　자존감을 지키려고 할 때 여러 조건이 필요합니다. 우선은 자신을 정확하게 평가하고 인식하는 태도가 필요합니다. 자신을 있는 그대로 평가하기에는 걱정되는 점이 많습니다. 열등한 부분이 튀어나올까 봐 걱정되기도 하고, 다른 사람이 나를 좋지 않게 평가할까 봐 염려되기도 하고요.

　연세대학교 심리학과 김영훈 교수는 책 《차라리 이기적으로 살걸 그랬습니다》에서 "가장 행복한 사람은 긍정적인 것이든 부정적인 것이든 현실을 있는 그대로 직시하고 인정하는 사람"이라고 했습니다. 있는 그대로 인정하면 "행복을 많이 느끼고 우울증을 덜 경험한다"고 해요.

현실을 직시하는 습관은 삶의 질을 향상하는 데 중요한 조건이라고 할 수 있겠습니다. 자기 능력이나 마음 상태를 정확하게 판단해야 출발선을 설정할 수 있으니까요. 어떤 일을 할 때 여러 단계의 능력이 필요한데, 나의 능력은 중간단계에 해당한다면 그곳을 출발선으로 잡으면 됩니다. 마치 최종 단계의 능력을 발휘할 수 있는 것처럼 포장해 봐야 금방 들통나지요. 포장하느라 기운을 다 써서 정작 필요한 부분에 에너지를 쓰지 못할 뿐이지요.

반대의 상황도 있습니다. 자신은 최고 수준의 능력을 지니고 있으면서도 중간단계 수준밖에 되지 않는다고 여기기도 합니다. 그러면 손실이 아주 클 겁니다. 과소평가하는 것 또한 어려움을 초래합니다.

자동 반응을 탐색하자

자신을 객관적인 상태로 보지 못하고 과대평가하거나 과소평가하는 습관은 의도와 상관없이 자동으로 나타납니다. 현실을 정확히 보고 판단하려면 나에 대한 탐구가 필요합니다. 탐구하는 자세는 자기 이해와 함께 대인관계에서 반복되는 패턴을 알아차리도록 하지요. 자동 반응에 대한 탐색은 자신을 객관적인 시선으로 보는 데 많은 도움을 줍니다.

자동 반응은 주의 깊게 생각하고 상황을 살피면서 판단하기보다 저절로 결과를 도출하게 합니다. 즉 충분히 검토하기도 전에 즉각적으로 상황을 해석해서 감정을 일으키고, 몸의 반응을 초래합니다.

가령 누가 내 말에 반박하면 움츠러듭니다. 내 말을 듣고 있지 않는다고 느끼면 무시당한다고 생각합니다. 요구받았을 때 나도 모르게 바로 수용해 버립니다. 이런 반응은 이유도 모른 채 행해집니다. 이러고 싶지 않은데도 계속 반복합니다. 탐구하는 태도는 자동으로 나타나는 반응을 내버려두지 않고 그 순간의 나를 이해할 수 있도록 돕습니다. 차분히 물음을 던지면서 내면을 탐색해 보세요.

'지금 나는 왜 기분이 나쁘지?' **탐색**

'친구가 카톡을 읽고 답하지 않으니까.' **상황**

'답장이 없는 걸 보면서 어떤 생각이나 감정이 들었어?' **탐색**

'친구가 내가 물어보는 걸 싫어하는 것 같아서 서운해.' **즉각적 사고, 감정**

'싫어한다고 생각하는 근거가 있어?' **탐색**

'답장하지 않는 걸 보면 알 수 있잖아. 내가 반가우면 바로 답장하겠지.' **즉각적 해석**

'너한테 곧장 답하지 않으면 너를 싫어하는 거야?' **탐색**

'그건 아니지만 그런 생각이 들어.' **수용**

'그 친구한테 다른 가능성은 없을까?' **탐색**

'바쁠 수도 있지. 핸드폰을 보지 않았거나.' **자동 반응 수정**

자동 반응을 그냥 두면 휘둘리지만 객관적으로 자신을 바라보고 탐색하는 과정을 거치면 새로운 시선을 가질 수 있습니다. 좁디좁은 시야에서 벗어나 훨씬 여유로운 마음으로 상황을 대할 수 있습니다. 행복한 삶을 살고 싶다면, 더 건강한 대인관계를 맺으며 살아가고 싶다면 나를 객관적으로 보세요. 그리고 자동 반응을 탐색해 보세요. 자신을 정확히 알아갈수록 나를 수용하는 힘은 커지고, 불편함은 수정할 수 있습니다.

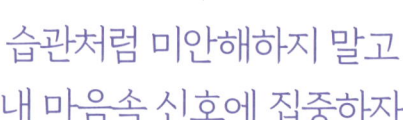

습관처럼 미안해하지 말고
내 마음속 신호에 집중하자

상담을 오신 분들에게 종종 부탁합니다.

"욕구와 바람에 귀를 기울여 보세요."

처음에는 차분하게 자신의 욕구, 바람과 접촉해 보려고 합니다. 하지만 곧바로 항변합니다.

"내가 뭘 원하는지 알겠는데 그것을 할 수가 없다고요."

바람은 있으나 할 수 없다고 느낄 때 어떤 방해 요소가 있는지 찾아보기 위해 탐험에 나섭니다. 진짜 마음을 따라가는 데 장애가 되는 여러 가지 마음의 요소가 발견됩니다. 회피해 오던 습관, 관계가 더 멀어지지 않을까 하는 두려움, 좋은 사람으로 보이고 싶은 마음, 비난에 대한 걱정, 상황 악화에 대한 고민 등 다양해요. 쭉 탐색하고 나서 말씀하십니다.

"방해되는 생각들이 뭔지 알겠어요. 선생님 말씀대로 진짜 제 마음대로 하는 일은 중요해 보여요. 하지만 저는 할 수가 없어요. 저 하나 참으면 다 잘될 텐데 상황을 나쁘게 만들고 싶지 않아요. 그나마 지금까지 지켜 오던 관계들마저 잃어버릴까 봐 겁이 난다고요."

상담심리학자 재키 마슨은 "생각만 덮어 놓으면 잘 지낼 수 있는데, 굳이 불화와 다툼을 부를 필요 없다는 생각은 결국 대가를 치르게 된다"라고 했습니다. 맞습니다. 나의 진정한 욕구를 외면한 생각은 값을 톡톡히 치르게 됩니다.

사소한 일부터 중요한 일까지 어떤 판단을 하는가에 따라 삶이 달라집니다. 남을 배려하는 것도 중요하지만 무엇보다 내 삶에 이롭도록 생각의 방향을 잘 잡아야 합니다. 우리의 삶이 워낙 복잡하고 다양해서 하나의 방향으로만 흐르지는 않아요. 적극적으로 움직일 때도 있고, 주변 상황을 잘 고려해서 소극적으로 움직일 필요도 있습니다. 느닷없이 방향을 틀어야 할 때도 있습니다.

이때 내 생각은 덮어놓고, 누군가를 불편하게 만들고 싶지 않다는 생각, 나만 참으면 다 편할 거라는 생각을 우선순위에 둔다면, 내 삶은 끝도 없이 밀려나게 됩니다.

직관을 찾아라

우리가 받는 교육의 많은 부분이 남을 먼저 배려하기, 제시된 가치 기준이나 기대에 부응하기, 참고 견디기 등을 가르치고 있죠. 그래서 자신의 욕구는 외면하고 타인의 요구에 맞춰 살아가게 되는데, 시간이 지날수록 마음속에서 끓어오르는 무언가가 있습니다.

바로 직관입니다. 융은 "사방이 가로막힌 상황에서 빠져나갈 곳을 발견하지 못할 때 직관은 자동으로 작용하여 도움을 준다"라고 했습니다. 직관은 이성이 지각할 사이 없이 내면에서 울려 퍼지는 신호죠.

며칠간의 야근으로 중요한 프로젝트를 끝내고 오늘은 정시에 퇴근할 수 있을 때 어떤 생각을 할까요? '집에 가서 씻고 아무것도 하지 않고 편안히 쉬어야겠다'라고 생각할 수 있습니다. 집 소파에서 쉬는 상상을 하는데, 옆자리 동료가 그동안 고생했는데 시원한 맥주 한잔하고 가자고 청할 수도 있겠지요. 거절을 잘하지 못하는 분이라면 동료의 말에 따를 가능성이 높습니다. 하지만 마음 한편에서 사이렌이 울립니다.

'안 되는데. 그럼 피곤해서 내일 출근하기 어려울 텐데. 프로젝트 때문에 미루어 놓았던 일들이 또 밀리게 될 텐데.'

이런 고민을 하면서 그동안 축적한 데이터를 검열합니다. 데이터 분석 결과 동료의 말을 따르는 편이 더 안전하다고 느껴져서 'Yes'라고 동료에게 말합니다.

직관은 분명히 다른 말을 했을 겁니다. 몸이 무거워지거나 '안 되는데'라는 생각이 짧게 스쳐 지나갑니다. 하지만 이번에도 역시 직관의 소리를 무시하고 타인의 말에 따르는 행동을 해 버립니다.

마음속 소리를 듣는 법을 배우자

데이터의 현혹에서 빠져나오기란 쉽지 않습니다. 데이터 분석을 통해서 행동할 때 우리는 자신을 속이게 돼요. 분자생물학자 시드니 브레너는 '오컴의 빗자루'라는 말을 만들었어요. 불편한 진실을 양탄자 밑으로 쓸어 넣어서 숨겨 버리는 짓을 말하는 용어입니다. 남을 배려하는 태도가 훌륭하다고 말하는 사회, 어떤 행동은 절대로 하면 안 된다고 말하는 부모님의 가치 기준, 사랑받고 싶었던 나의 마음은 오컴의 빗자루가 되어서 진심을 양탄자 밑으로 숨겨 버려요.

마음속 소리를 듣는 법을 다시 배워야 합니다. 직관을 무시하면서 보내는 수많은 시간은 재키 마슨의 말처럼 부메랑이 되어 나에게 돌아오죠. 우울증과 불안 등의 정신적 어려움을 겪거나 인간관계에서 허우적거리게 되지요.

직관을 활용하는 훈련이 되어 있지 않다면 연습이 조금 필요합니다. 느껴지는 몸의 감각에 집중하거나 순간적으로 스쳐 지나가는 생각이나 감정에 집중하면 직관이 보내는 소리를 들을 수 있습니다. 억지로 동료의 말에 따를 때 몸이 무거워지는 현상, '안 되는데, 오늘은 쉬고 싶은데'라는 생각, 거절하기에 미안한 감정이 신호입니다.

  이제 직관을 통해 진정으로 나를 위하는 행동을 해 보세요. 그 순간의 후련함과 즐거움을 누려 보세요. 후련함을 쌓고, 즐거움을 누적시켜 가면 기존의 데이터가 흔들립니다. 계속 새로운 경험을 축적해 가면, 눈치 보며 행동할 때보다 내 마음을 따르며 행동할 때 삶이 더 가볍고 만족스럽다고 느끼게 됩니다.

상처받고 넘어지더라도
일어서면 그만

고통을 피하지 말라

겪어내야 하는 고통 앞에서

당신은 많은 것을 배우리라

산고로 인해 생명의 탄생이 더욱 값지며

이별의 아픔으로 만남의 기쁨은 더욱 커지리라

행복이란 겪어 낸 어려움을 통해서만

그 크기를 가늠할 수 있으며

고난과 갈등이 클수록 사랑 또한 깊어지리라

불가리아의 철학자 피테르 드노프의 〈부딪혀라〉라는 시입니다. 고통, 상처! 피하고 싶어집니다. 손등에 난 상처는 눈에 보이니 당장 소독하고 약을 발라 잘 나을 수 있도록 치료합니다. 하지만 마음의 상처는 눈에 보이지 않으니 그냥 두면 사라진다고 생각합니다.

'시간이 약'이라는 말처럼 실제로 시간이 지나면 잊어버리기도 합니다. 하지만 잊어버린 것과 상처가 나은 것은 좀 다릅니다. 상처가 나았다면 같은 문제에 더 이상 휘둘리지 않아야 합니다. 손등의 상처가 제대로 나으면 다시 곪는 일이 없는 일과 같습니다.

하지만 잊었다고 생각했는데, 기억에서 잠시 사라졌을 뿐 나은 상태가 아닐 때가 있습니다. 시간이 흐르는 동안 상처가 똬리를 틀고 마음속 어딘가에 뿌리를 내렸다면, 잘 치료한 손등의 상처와 달리 언제든 다시 발현될 준비 태세를 갖추고 있습니다.

연인이 양다리를 걸쳐서 헤어지는 상황을 가정해 보겠습니다. 다른 사람을 만날 때 또 그런 일이 있을지도 모른다는 불안감에 시달릴 겁니다. 특히 이전에 헤어지는 과정에서 양다리를 걸친 사람이 오히려 화를 내면서 이렇게 말했다면 더더욱 그렇습니다.

"네가 성격이 그 모양이라서 견딜 수가 없으니 다른 사람을 만난 거 아니야! 내 입장에서 생각한 적 있어? 네가 꼬여서 그런 거잖아!"

이 말을 듣는 사람이 자아가 강한 상태라면 '웃기는 소리 하고 있네!'라고 되받아치면서 잘잘못을 가려내 헤어질 겁니다. 시시비비만 잘 가려도 상처가 덜 남습니다.

그렇지 않은 경우라면 상대의 말을 그대로 받아들이면서 '맞아, 내 성격이 이 모양이니 상대가 바람피우지. 언제나 나는 이 모양이야'라고 자책한다면 상처가 커집니다. 연인이 바람피운 일도 상처인데, 자책까지 하니 상처가 곪고 또 곪을 겁니다.

시간이 지나면서 덜 생각나고 가끔은 완전히 잊었다는 생각이 들기도 합니다. 하지만 어느 날 문득 떠오릅니다. 화가 나고 억울한 감정에 시달리지요. 느닷없이 생각나서 감정에 휘둘리는 것도 짜증 나는데, 가장 난감한 일은 다른 사람을 만나려고 할 때입니다. 지난 일이 생각나면서 만남에 대해 두려움이 생깁니다. 나를 탓하던 연인의 말이 떠오르면서 '내 성격이 문제가 돼서 그런 일이 발생했는데 또 그러면 어쩌지?' 하는 생각이 듭니다.

계속 불안한 생각에 시달리면서 새로 만난 연인을 의심하거나 의심하는 마음을 들키지 않으려고 애를 씁니다. 의심할 때건 의심을 감추려고 노력할 때건 마음속에 불안감이 뿌리를 내렸으니 이 문제는 반드시 드러납니다.

반복되는 상처에 휘둘리지 않기

잘 치료하지 않은 상처는 반복됩니다. 언제 어떤 방식으로 반복될지 예측하기 어려울 뿐입니다. 대인관계에서 문제가 발생했다면 잘 해결해서 더 이상 상처받지 않도록 해야 합니다.

위 사례는 양다리를 걸친 사람이 자기 잘못임에도 불구하고 남 탓하는 경우입니다. 자기 잘못을 인정하기 싫어서 상대의 탓으로 돌리는 거죠. 휘말리면 그 사람이 의도한 대로 내 잘못으로 남습니다. 당하는 사람으로서는 이중으로 상처를 입는 상황이죠. 내 잘못이 아닌 일로 내가 상처를 입도록 두면 안 됩니다. 어떻게든 자신을 보호해야 합니다. 상대의 말에 밀리지 말고, 끝까지 내 생각을 전달해서 문제가 왜곡된 상태로 남지 않도록 하는 일이 중요합니다. 상처를 입은 상태에서 종료되면 반복되지만 잘 해결하면 더 이상 반복되지 않아요.

어떤 사건의 경우는 나의 오해로부터 시작될 때도 있을 겁니다. 상황을 잘 살펴서 내 성격이 문제라면 다시는 이런 오해가 발생하지 않도록 나를 수정해야 합니다. 내가 시작한 오해를 내가 풀지 않으면 결국 상대뿐 아니라 내가 상처를 입게 마련이니까요.

우리는 많은 순간 다양한 방법으로 상처받습니다. 남에 의해 상처를 입고, 나 스스로 상처를 입힐 때도 있습니다. 평생 상처 한 번 받지 않고 살아갈 수는 없지요. 상처는 딛고 일어서면 됩니다. 피테르 드노프의 말처럼 고통을 겪어 내면 나의 자아는 더 단단해집니다.

고통이 없는 성장은 없습니다. 괜히 더 상처받을까 봐 두려워서 피하지 말고, 천천히 마주해 보세요. 인간은 자정능력을 가지고 있어서 얼마든지 헤쳐 나가는 힘을 가지고 있습니다.

억울한 누명을 씌우는 사람에게 당당하게 말하세요. 내 탓으로 돌리는 사람에게 너의 잘못이 무엇인지 정확히 알려 주세요. 내가 실수했을 때 당당하게 인정하세요. 상처를 입은 상황에서 말하기를 주저하지 마세요. 자신을 비난하지 마세요.

반성하고 고치면 그만이죠. 상처는 남기지 말고, 털어 내세요. 일어서면 그만입니다. 자신과 타인 앞에서 당당한 당신을 응원합니다.

할 수 있는 것과 없는 것을 구분하자

　슈퍼맨. 뭐든 척척 해낼 수 있는 능력자 중의 능력자의 이미지입니다. 누구나 슈퍼맨이 되고 싶은 꿈을 한 번쯤 품어 봤을 겁니다. 슈퍼맨에 대한 환상은 남녀노소를 불문하고 있습니다. 무엇이든 잘하고 싶은 마음은 늘 있으니까요. 여러분도 저도 자유롭기 어렵습니다.
　제 슈퍼맨 환상의 발달은 이렇습니다. 유능감, 인정욕구 등은 저에게 중요한 이슈였어요. 딸이라는 이유로 할머니로부터 존재에 대한 박탈을 심하게 경험했던 데다가, 할머니가 애지중지하던 오빠는 너무 훌륭한 사람이었습니다. 제가 살았던 지역이 떠들썩할 만큼 공부를 잘했어요. 오빠는 지금도 인품, 성격, 능력 등 다양한 면에서 뛰어난 사람입니다. 오빠의 존재감은 집안에서 너무 컸어요. 저는 다 포기하고 살았어요. 제가 뭘 해도 오빠라는 사람을 따라갈 수 없으니까요. 모든 면에서 뛰어난 오빠가 있는 한 뭘 해도 인정받을 수 있는 길은 없다고 생각했습니다.

학창 시절에 존재감을 가장 뿜어낼 수 있는 일은 아무래도 학업일 겁니다. 학업으로는 존재감을 인정받을 수 없을 거라고 생각한 저는 다른 길을 찾았던 것 같아요. 부모님 일을 열심히 도왔습니다. 언젠가 집에 손님이 오셨는데, 제가 엄마를 도와 상차림을 하는 모습을 보고, "집안일이 아주 익숙해 보인다"라고 칭찬하셨습니다. 하지만 저는 왠지 머리가 어지러웠어요.

'나는 집안일에 익숙하구나. 내가 더 익숙해야 하는 일이 집안일일까? 나는 무엇 때문에 엄마를 열심히 돕지?'

집안에 할 일이 있으면, 알아서 척척 해내던 습관 때문인지 저는 일머리가 발달했어요. 어디에 가면 무슨 일을 어떻게 해야 하는지 금방 알아차립니다. 처리 속도마저 빨라서 금방 해치우곤 했습니다. 언젠가는 이런 말도 들었어요.

"우와! 나는 너처럼은 못 해낼 것 같아. 어떻게 그리 사람 말을 금방 알아듣고 해내?"

일 잘한다는 칭찬을 들을 때면 제가 유능한 사람처럼 느껴져서 참 좋았습니다. 이런 말을 듣기 위해 항상 어떤 일이든 최선을 다해 감당하려고 들었어요.

최선은 나를 쓰러뜨린다

최선은 언제나 최선일까요? 저는 종종 아파서 넘어졌습니다. 감기에 한번 걸렸다 하면 사경을 헤맬 정도로 심하게 앓았습니다. 어릴 때는 제가 단지 몸이 약한 줄로만 알았어요. 약골인 것도 맞지만 점차 저를 관찰하다 보니 저의 최선은 최선이 아니라 쥐어 짜내는 모습이었음을 알게 되었습니다. 남들은 가진 에너지만큼만 소모하면서 살아가는데, 저는 몇 배로

넘치게 사용했습니다. 그러니 앓아눕지 않을 수 없죠.

오빠보다 못난 사람이 아님을 증명하고 싶었어요. 오빠만큼 유능해 보이고 싶었고, 인정받고 싶었어요. 그러다 보니 제 한계를 인정하지 않고, 할 수 있는 일과 없는 일을 구분하지 않고 무조건 해내려고 했습니다. 가끔 누군가에게 부탁을 받으면, 무리인 줄 알면서 거절하지 않았어요. 내가 맡을 일이 아닌데도 주어지면 해냈습니다. 하지만 오히려 비난을 받기도 했습니다.

석사과정을 밟을 때 어느 날 교수님께서 박사가 발표하라고 지시했었습니다. 박사 선생님은 저한테 떠맡겼어요. 주어지면 그냥 하는 습관을 지닌 저는 맡아서 했다가 교수님께 혼이 났습니다.

"박사가 하라고 했는데 왜 석사가 발표하냐?"

발표가 부족했으니 그러셨을 겁니다. 박사 선생님은 저를 질타했습니다. 참 억울했습니다.

'자기가 떠넘겼으면서 왜 나한테 뭐라고 하지?'

일을 떠넘긴 박사 선생님도 문제였지만 아무 말 없이 떠맡은 저도 문제였습니다. 속으로 '내 능력에서는 어려운데 큰일 났다'라고 생각하면서도 맡았거든요. 하기 어렵다고 말하기 싫었어요. 그러면 능력 없어 보이고 따가운 눈초리를 맞을 테니까요. 제 한계를 인정하지 않았던 태도가 처참한 상황을 만든 거죠. 아주 창피했어요. 학우들 앞에서 교수님과 박사 선생님께 더 큰 잔소리를 들었으니까요. 솔직히 어렵다고 말했으면 그런 상황은 없었을 거예요.

할 수 있는 일과 없는 일을 구별할 때 기준은 여러 가지입니다. 내 능력으로 할 수 있는 일인지, 시간은 충분한지, 우선순위가 맞는지, 스트레스가 되지는 않는지, 꼭 내가 할 필요가 있는지 등 다양한 면에서 유심히 봐야 합니다.

저는 이러한 점들을 따져 보지 않다가 종종 몸이 상하고 질타까지 받았습니다. 가끔은 힘에 부쳐서 엉뚱하게 가족에게 짜증을 내기도 했습니다. 전부 다 감당한다고 좋은 일은 별로 없습니다. 가까운 사람까지 힘들게 한다면 더더욱 조심해야겠지요.

돌이켜 생각하면 인정받기 위해 아등바등하기보다는 저한테 더 중요한 일이 무엇인가를 생각하는 태도가 필요했습니다.

슈퍼맨 환상은 그저 환상입니다. 실제가 아니지요. 잘 구별해서 에너지를 자신에게 집중해 보세요. 잘하는 일에 집중하고, 하고 싶은 일, 필요한 일에 집중하세요. 눈치 보지 말고 자신의 상황에 맞춰서 할 수 없는 일은 과감하게 버리세요. 한결 마음 편한 삶을 살 수 있습니다.

내가 미워하는 것도
나의 일부다

'야누스의 두 얼굴'을 아시나요? 한쪽은 환한 얼굴을, 한쪽은 어두운 얼굴을 하고서 문을 지키는 수호신입니다. 야누스는 문을 지키는 신이자 시작과 끝, 과거와 미래, 성공과 실패 등 이중성을 상징하는 신입니다. 인간의 이중성은 삶의 곳곳에 묻어 있지요.

가령 부모님을 떠나 독립을 결심할 때 마음속에 갈등이 일어납니다. 자유롭게 혼자만의 힘으로 살고 싶어서 부모님을 떠나기로 결심했는데, 막상 아쉬운 점들이 떠오릅니다. 집안일 하나하나 혼자 해야 하고, 무슨 일이 있을 때 의존할 데가 없어져요. 독립해서 자유롭게 살아갈 것인가? 조금은 침범받더라도 의존해서 살아갈 것인가? 상반된 감정이 공존합니다.

여러 감정이 동시에 생기는 일도 허다합니다. 여러 감정은 느껴지는 그대로 수용하기도 어렵습니다. 어떤 감정은 자연스럽게 받아들여지는가 하면, 어떤 감정은 피하고 싶어집니다. 좋다, 사랑한다, 기쁘다, 즐겁다 등의 감정은 사람들이 반기지만 화, 짜증, 우울, 슬픔, 미움 등은 그 반대입니다.

가끔 누군가와 대화하다 보면 '저 사람은 감정이란 게 있나?'라는 생각이 들 때가 있습니다. 어떤 사람은 감정을 잘 느끼고 표현하는데 어떤 사람은 전혀 그렇지 않아요. 감정은 자연스럽게 피어나는 건데 차이가 분명히 존재합니다. 감정을 느끼고 표현하는 일도 잘 배워야만 가능하기 때문입니다.

감정을 잘못 배웠다

아이들에게 감정을 가르치는 태도에 관해 생각해 볼 필요가 있습니다. 어른들은 아이들이 기쁨이나 사랑, 즐거움 등을 표현할 때 환영하고 좋아합니다. 아이들은 환영받은 감정을 좋게 생각하면서 자랍니다. 반대의 감정을 드러냈을 때 어른들은 다소 거부적인 태도를 보입니다.

'울지 마!'
'사람 미워하지 마!'
'화내면 안 돼.'
'왜 그리 짜증 내니? 짜증 좀 부리지 마.'

한 사람 안에서 나오는 감정인데, 대하는 태도가 너무나 다르네요. 우리는 부정적인 감정을 거부하는 경향이 강합니다. 이유는 감정을 배우는 시기에 '하지 마!'라는 가르침을 너무 많이 받아서 그렇습니다. 아이들은 어른들에게 거부당한 감정은 나쁘다고 생각합니다. 그리고 나쁜 감정이 올라왔을 때 자신을 나쁘게 생각하면서 고통에 시달립니다.
긍정적인 감정이든 부정적인 감정이든 모두 내 가슴에서 나옵니다. 감정은 모두 각각의 기능이 있습니다. 기쁨은 좋은 순간을 더 유지하는 기능을 하고, 공포나 놀람은 위험 신호를 보내서 경계시킵니다. 슬픔은 고통을 느끼게 해서 회복의 힘을 줍니다. 우리가 특히 주목해야 할 감정은 화와 분노입니다.

사람들이 가장 피하는 감정이죠.

　부당한 일을 경험하면 화가 나고 부당한 일을 제공한 사람이 미워집니다. 화는 부당한 일로부터 자신을 보호하는 기능을 합니다. 그런데 사람들은 화내지 말라고 합니다. 부당한 일을 당했는데 화내지 말라니요! 화는 나는데, 화를 내지 말라니 어떻게 해야 합니까?

　사람들이 감정을 대하는 태도는 야누스의 두 얼굴 같습니다. 긍정적 감정과 부정적 감정을 나누어 놓았으니 말입니다. 결국 야누스의 두 얼굴은 인간의 감정이 분리되었다는 의미가 아니라 부정적인 감정을 거부하는 인간의 태도를 꼬집는 것입니다.

　한 사람의 감정은 야누스의 두 얼굴처럼 분리할 수 없습니다. 좋은 일이 있으면 기쁨이 올라오고, 슬픈 일이 있으면 슬픔이 올라오고, 화나는 일이 있으면 그저 화가 날 뿐이죠. 하나의 얼굴에 다양한 감정이 피어오를 뿐입니다.

　모든 감정을 수용하는 태도가 중요합니다. 기쁘거나 즐거울 때 표현하면, 좋은 감정이 그 공간에 함께 있는 사람들에게 전염됩니다. 참 좋은 순간이지요. 화나거나 슬플 때에도 잘 표현한다면 분위기가 나빠지지 않습니다. 화가 나면 왜 화가 났는지, 미우면 왜 미운지 말로 조곤조곤 풀어내면 화와 미움은 가라앉습니다. 서로 이해되니까요.

<u>부정적 감정은 회복력을 품고 있습니다.</u> 일상에서 일어나는 다양한 상황을 다시 잘 정리하는 힘이 그 안에 있습니다. 사람들이 부정적인 감정을 거부하는 이유는 잘 처리하는 방법을 배우지 못해서입니다. 거부되고 또 거부되니까 처리하지 못해서, 쌓이고 쌓여 폭발적으로 드러냅니다. 욕, 소리 지르기, 폭력 등의 형태로요.

사랑, 기쁨, 좋음, 미움, 화, 슬픔 모두 인간의 기본 정서일 뿐입니다. 오히려 이런 기본 정서를 느끼지 못할 때가 건강하지 못한 상태입니다. 긍정적인 감정이든 부정적인 감정이든 모두 잘 받아들이면 좋겠습니다. 외면하지 말고, 억누르지 않으면서 각 감정의 고유 기능을 잘 발휘할 수 있도록 수용해 주세요. 잘 통합할 때 야누스가 지키고 있는 문이 활짝 열릴 겁니다.

나에게
관대해야 하는 순간

"자기 비난은 세계 최고 수준의 전문가입니다! 표창장을 드려야겠어요."

상담을 받으러 오셨던 L에게 제가 한 말입니다. 동시에 엄지손가락을 척 내밀었죠. L은 박장대소를 하셨습니다. 한참 웃으시더니 한동안 조용히 계셨어요. 그리고 눈물을 쏟아 내셨어요.

"선생님! 저한테 참 열심히 산다고 칭찬해 주셨잖아요. 저는 무엇을 하든 열심히 하네요. 저를 깎아내리는 일조차 이렇게 열심히 하고 있었군요."

최선을 다해 살고 있는데 세상의 악운은 모두 자신의 몫인 듯 되는 일이 하나도 없어서, 살기 힘들다고 저를 찾아오셨던 분이었습니다. 회사 일도 어렵고, 자식도 문제가 많고, 남편과는 이혼 위기에 처해 있었어요. 살아야 할 이유를 모르겠다며 하소연하셨습니다. 다 내려놓을 수 있도록 도와달라고 하셨습니다.

다 내 탓일까?

L은 매 순간 자신을 탓하고 채찍질했습니다. 뭔가 좋지 않은 상황이 발생하면 자기가 더 열심히 하지 않아서 그런 거라고 생각했습니다.

회사에서 다른 직원끼리 다퉜을 땐 자기가 직원들에게 더 신경 쓰고 잘했다면 그런 일이 없었을 거라 믿었습니다. 자녀가 학교 숙제를 하지 않았을 땐 더 적극적으로 도왔더라면 숙제를 잘해 가는 아이가 되지 않았을까 생각했습니다.

늘 이런 식으로, 자신이 부족했다는 탓을 하며 정말 열심히 사셨습니다. 새벽이 되어서야 잠자리에 들면서도 더 열심히 하지 못한 하루를 반성하며 자신을 채찍질했습니다.

직원들에게 밥과 커피를 사고, 일을 거들어 주고, 동료의 고민을 자기 일처럼 생각했습니다. 퇴근 후에는 자녀와 시간을 보내려고 노력하고, 숙제와 공부를 체크하고, 친구 간에 다툼이 생기면 나서서 해결했습니다.

하지만 직원들은 고마워하기는커녕 일을 떠넘겼고, 돕지 못했을 때는 실망감을 드러냈습니다. 자녀는 만날 선생님께 전화가 오고 친구랑 싸웠습니다. L은 도저히 이해할 수 없었습니다. 최선을 다해서 주변 사람들을 챙기고 돕는데, 결과가 늘 좋지 않으니 하루하루 살아가는 게 지옥이었지요. 사는 게 버겁고 힘드니까 남편과 매일 싸웠습니다.

상담이 진행되면서 L은 잊고 지내던 어떤 일을 하나 떠올렸습니다. L이 어렸을 때 어떤 일로 인해 동생을 잃어버렸습니다. 자식을 잃은 엄마는 한동안 정신을 놓다시피 하고 살았습니다. 유치원생이던 L이 엄마한테 다가가면 손사래를 치며 쫓아버렸습니다. 상황을 잘 모르는 L은 자신이 잘못해서 동생을 잃었고, 그 때문에 엄마가 자신을 미워한다고 생각했습니다.

L은 엄마의 마음에 들기 위해, 엄마를 위로하기 위해 뭐든 열심히 했습니다. 하지만 성적을 잘 받아 와도, 엄마 일을 열심히 도와도 엄마는 웃지 않았습니다. L은 하루 종일 엄마의 표정을 살피며 전전긍긍했습니다. 엄마가 웃으면 왠지 모르게 마음이 놓이고, 엄마의 표정이 좋지 않으면 좌불안석 어쩔 줄 몰라 했습니다.

상담이 진행되던 어느 날 L은 엄마와 동생 일에 대해 소통했습니다. 그렇게 비로소 죄책감에서 벗어날 수 있었습니다.

괜찮다고 말하기

자신과 관련이 없는 일에 대해 죄책감을 가졌던 L의 삶은 참 처참했습니다. 다 짊어지려고 했으니까요. 점차 다른 직원을 위해 나서지 않았습니다. 자녀가 학교에서 혼이 나더라도 숙제를 대신해 주지 않고 스스로 해 나갈 수 있도록 지켜보기 시작했습니다. 여러 가지 우여곡절을 겪으면서 다른 사람 일에 굳이 나서지 않는 사람이 되었습니다. 처음에는 돕지 않으면 욕하거나 자신을 버릴까 봐 두려움에 떨었지만 돕고 싶은 마음을 참아 냈습니다.

결과가 어땠을까요? 회사에서 다른 사람들과의 관계가 더 좋아졌습니다. 뭘 해야 한다는 부담감을 내려놓고 편하게 대하니 좋아질 수밖에요. 자녀는 학교생활에 더 잘 적응하면서 성적을 향상해 나갔습니다. 스스로 자기 일을 책임지는 법을 배우니 당연히 할 일을 잘하는 아이가 되었던 거죠.

L은 타인의 욕구를 헤아려 책임지려고 하기보다 자신의 역할에 초점을 두고 충실하게 사는 법을 익혀 나갔습니다. 뭔가 실수했을 때 사과를 할 뿐 더는 자책하지 않았습니다. 그렇게 점차 자신에게 가장 관대한 사람이 되어 갔습니다. 그러자 마음에 여유가 생겨 자신과 주변 사람이 모두 편안해졌습니다.

모든 일을 너무 열심히 하고 있지는 않은지 자신을 돌아보세요. 지나치게 책임지려는 태도가 있는지 살펴보세요. 자신을 과도하게 비난하고 있지 않은지 관찰하세요. 자신에게 너무 엄격하다면 관대하게 대하세요. 여유로워지고 편안해질 겁니다.

나를 사랑하지 않으면
남에게 갈구하게 된다

　자신을 먼저 사랑하라. 요즘 여기저기서 많이 듣는 말입니다. 흔하고 쉬운 말인데 자꾸만 흘러나온다면 의심해 볼 만합니다. 정말 쉬운 말인가? 나는 나를 사랑하나? 사람들은 저마다 자신을 충분히 사랑하면서 살아가나? 그리고 자신을 사랑하는 일은 어떤 것일까?

　물론 자신을 충분히 사랑하면서 아끼고 살아가는 분들이 많겠지만 자신을 사랑한다는 개념조차 소유하지 못한 분들도 많아 보입니다. 특히 칭찬받거나 '너는 괜찮은 사람이야'라는 메시지를 들으면 제대로 소화하지 못하는 경우를 종종 목격합니다.

유미라는 분을 6개월 넘게 상담했습니다. 어느 날 유미 님은 제게 이렇게 이야기하셨어요.

"저는 그동안 선생님이 이상하다고 생각했어요. 제가 말을 하면 고개를 끄덕이며 이해한다는 듯한 태도를 보이는데 진짜일지 의심됐어요."

저는 살짝 놀랐습니다. 상담에 열심히 임하셨고, 6개월 동안 눈에 띌 만큼 성장하셨거든요. 덧붙이길 제가 '잘하신 것 같다', '어떻게 그렇게 하셨냐?', '마음이 값지게 느껴진다'라고 말을 할 때마다 놀리는 것 같고, 억지로 위로하는 것 같아서 언짢을 때가 있었다고 했습니다.

칭찬이 불편한 사람들

상담하다 보면 마음이 아플 때가 있습니다. 다른 사람이 아무리 칭찬해도 받아들이지 않을 때, 놀라운 성과를 보여서 칭

송받아도 의심하려 들 때 마음이 참 어렵습니다. 유미 님이 그랬습니다. 상담을 진행하던 중에 이직을 한 유미 님은 이전과 다른 관계를 맺으며, 사람들의 호감을 샀습니다. 일의 성과도 상당히 좋아서 칭찬을 많이 받았습니다. 그런데 유미 님은 그것이 너무 버겁다고 말했습니다. 아무래도 자신에게 더 일을 시키기 위한 책략에 불과하다고 생각해 버렸어요.

유미 님이 그동안 살아온 삶에 대해 탐색했습니다. 칭찬받았을 때 기분이 어떠했는지, 자신에 대해 어떻게 생각하는지 등에 대해 이야기를 나누었습니다. 유미 님은 자존심은 센 편이었지만 자존감은 상당히 낮았습니다. 자신을 긍정적으로 생각하는 부분이 별로 없었습니다. 장점을 말해 보라고 하니, 단 한마디도 입을 떼지 못하는 모습에 스스로 충격을 받았습니다. 또 자신을 사랑하는가를 물었을 때 너무 싫다고 말했습니다. 천천히 안내해 나갔습니다.

'나를 사랑하지 않는 사람이 어떻게 다른 사람을 사랑할 수 있는가?'

'나를 미워하는데 어떻게 다른 사람이 나를 사랑할 때 알아차릴 수 있는가?'

'그러니 만날 사람들이 자신을 꺼린다고 생각하는 건 아닌가?'

'나부터 나를 사랑해야 하지 않겠는가?'

'사랑을 알기는 하는가?'

이러한 질문들에 대한 답을 찾아가며 유미 님은 서서히 자신을 향한 태도를 바꿔 나갔습니다. 자신이 낸 성과를 인정하고, 작은 것이라도 스스로 칭찬하기 시작했습니다. 자신을 부정적으로 생각할 때마다 생각을 전환하기 위해 노력했습니다. 서서히 다른 사람들의 칭찬도 있는 그대로 받아들였습니다.

사실 유미 님은 외로움을 많이 느끼는 분이었습니다. 사람들이 자신을 따뜻한 시선으로 바라봐 주기를 바랐고, 온전히 사랑해 주길 소망했습니다. 애정을 갈구할수록 공허함은 커졌습니다. 자신에게는 아무도 그렇게 해 주는 사람이 없다고 느꼈기 때문이죠. 아무리 사람들을 많이 만나도 공허함을 채울 수 없었습니다. 그럴 때마다 못난 자신을 더 비난했습니다.

우리가 꼭 알아야 할 사항이 있습니다. 자신을 사랑하지 않으면, 다른 사람의 사랑을 받을 수 없습니다. 다른 사람을 사랑할 수도 없습니다. 아무리 사랑을 갈구해도 채울 수 없는 갈증을 느낍니다. 자신을 사랑하는 사람만이 다른 사람을 사랑할 수 있습니다. 자신을 먼저 사랑하는 방법을 배워야 합니다.

커피를 마시는 자신을 사랑하고, 걷고 있는 자신을 아끼고, 빵 한 조각을 먹고 싶어 하는 욕구를 존중하는 태도를 갖추면 좋겠습니다. 걸으면서, 먹으면서 감각을 느껴 보세요. '건포도 명상법'이라 불리는 방법이 있습니다. 건포도 한 알을 몇 분 동안 입안에서 굴리면서 혀의 감각에 집중합니다. 미세한 감각까지 최대한 집중하다 보면 온전한 나를 느끼게 됩니다.

나를 사랑하고자 할 때 큰 것에서 찾지 말고, 생활 속 작은 나의 행동에 집중해 보세요. 사소한 욕구, 작은 몸짓, 일상의 움직임 등을 소중히 생각하고 사랑하다 보면, 온전히 자기가 가슴속에 차오를 겁니다.

그 순간 자신이 얼마나 사랑스러운 존재인지 느껴 보세요. 이를 느낄 수 있을 때 타인의 칭찬과 사랑이 와닿습니다. 자신을 먼저 사랑하는 법을 익힌 유미 님은 타인의 사랑까지 느끼면서 즐겁게 살고 있답니다.

나만의
안전기지 만들기

관계에서 상처받았을 때, 스트레스를 받았을 때, 이런저런 이유로 삶이 힘들다고 느껴질 때 가끔은 어딘가에 의지하고 싶은 마음이 듭니다. 핸드폰에 저장된 전화번호를 뒤지면서 도움받을 만한 사람을 찾아볼 때도 있습니다. 애석하게도 누군가의 도움이 절실한 순간에 정작 전화를 걸 데가 없다고 느낄 때도 있었을 거예요. 이런 상황을 염두에 두고 몇 가지의 대비책을 마련해 놓으면 좋겠습니다. 대비책을 '안전기지'라고 부를게요.

안전기지 중에 으뜸은 '사람'입니다. 내 푸념을 들어줄 사람, 아무 이야기나 편하게 늘어놓을 수 있는 사람을 옆에 두신 분은 사람 부자입니다. 의지처가 있으니까요. 그런데 대부분 이렇게 생각합니다.

"좋은 이야기도 아닌데, 힘들었던 이야기를 하면 상대도 힘들지 않겠는가?"

그래서 진짜로 힘들 때 혼자 삭히는 편이 낫다고 생각하는 분이 많아요. 하지만 이는 올바른 생각이라고 보기 어렵습니다. 가장 힘들고 내밀한 이야기를 전달하면 사람들은 오히려 고마워합니다.

"나를 믿고 이야기해 줘서 고맙다, 가장 힘든 순간에 나를 찾아 줘서 고맙다."

속내를 털어놓고 제일 힘든 순간에 찾아가는 행동은 상대에 대한 신뢰나 호감이 있어야 가능하니까요. 나를 믿고 다가오는 사람을 싫어할 사람은 없습니다.

간혹 "힘든 말을 했더니 더 불편해지고 어색해지더라"라고 말할 때가 있습니다. 이럴 땐 나의 태도를 돌아보는 게 좋습니다. 털어놓으면서도 괜히 상대가 불편해할까 봐 눈치를 보면서 너무 조심한다면 둘 사이에는 긴장감이 맴돌게 됩니다. 또, 자신이 원하는 답을 얻지 못할까 봐, 자신을 이상하게 볼까 봐 방어하면서 적당히 숨기면서 이야기하기도 합니다. 상대는 내가 방어하고 있다는 점은 모를지라도 대화가 술술 풀리기보다 막힌다는 느낌을 받습니다. 어색할 수밖에요.

어떨 때는 할 말이 너무 많아서 상대의 말은 듣지 않고, 내 말만 늘어놓습니다. 내가 힘들어서 풀려고 만나자고 했으니 당연한 일이기는 하지만 말 한마디 못 하게 하고 자기 말만 늘어놓으면 상대는 답답할 겁니다. '도대체 나를 왜 만나자고 한 거지?'라는 생각이 들겠죠. 그러면 편안한 분위기보다 불편한 기류가 오갑니다.

누군가를 만난다는 건 대화한다는 뜻입니다. 대화는 두 사람 이상이 모여서 주고받는 상호작용입니다. 서로를 진솔하게 대하면서, 주거니 받거니 하는 거죠. 하이데거는 현대인들이 나누는 대화를 '모래알처럼 흩어져 있는 상태'로 보았습니다. 서로 관심사가 비슷하거나 호기심이 있어서 만나기는 하지만 깊은 속이야기는 주고받지 않고 표면적인 소통만 한다는 점을 꼬집은 거죠. 또 각자 자기 말만 하는 상태를 지적하는 것이기도 합니다.

인간은 본능적으로 누군가한테 기대고 싶어 합니다. 힘들 때는 더더욱 그러하죠. 평소에 주변의 누군가와 진솔한 관계를 맺어 놓으세요. 진짜 필요한 순간에 기댈 수 있습니다. 중요한 안전기지입니다.

두 번째 안전기지는 평온을 즐길 수 있는 나 혼자만의 시간을 만드는 겁니다. 사람을 만나서 스트레스나 어려움을 풀 수도 있지만 홀로 조용히 있고 싶을 때가 있습니다. 우리는 다른 사람과도 잘 지내고, 나 혼자 있을 때도 잘 지내야 합니다.

저는 가장 지쳤을 때 아주 예쁜 카페에 갑니다. 차와 디저트를 즐기면서 한참 동안 멍하니 앉아 있으면 몸에 평안함이 깃들고 에너지를 얻어서 집에 돌아옵니다. 좋아하는 음식 먹기, 걷기, 등산하기, 꽃을 자신에게 선물하기 등 다양한 방법이 있습니다. 어떤 것이든 마음을 이완할 방안을 가지고 있으면 또 하나의 안전기지가 되어 힘든 순간에 나를 지킬 수 있습니다.

세 번째는 취미생활을 만드는 겁니다. 운동이든, 그림 그리기든, 여행이든 취미생활을 통해 반복되는 일상을 새롭게 환기할 수 있습니다. 주변 사람과 같이해도 좋고, 혼자서 해도 좋습니다. 요즘엔 다양한 방법으로 사람들을 만날 수 있지요. 다양한 루트를 통해 비슷한 취미를 가진 사람이 있는 공간에 찾아가도 좋습니다. 취미생활을 통해 스트레스를 날려 버리고 새로운 에너지를 비축할 수 있습니다. 내면에 힘이 있으니 당연히 스트레스에 덜 취약해집니다.

좋아하는 사람들과의 대화, 혼자만의 시간을 즐길 수 있는 능력, 좋아하는 일에 투자하는 나. 생각만 해도 좋네요. 이렇게 평소에 즐겁고 가볍게 살아가는 태도를 만들고 마음의 힘을 길러두면, 힘겨운 일이 닥쳤을 때도 거뜬히 이겨낼 수 있습니다.

5장

나에게 좋은 사람이 되기로 했다

온전한 나로 돌아가기

잠시 '나'라는 단어에 집중해 봅시다.

'나는 누구인가?'
'나는 어떤 사람인가?'

쉽게 답을 내릴 수 없는 물음입니다. 나는 본래의 나인가? 아닌가? 가끔은 내 안에 여러 명이 있는 것처럼 느껴지기도 합니다.

지금 이 순간 느껴지는 '나'는 본래의 나도 있지만 수많은 일을 겪어 내면서 형성된 '나'도 있습니다. 어떤 유형으로 애착이 형성되었는가는 현재 나의 모습에 영향을 미칩니다. 다른 사람에게 좋은 사람이 되려고 얼마나 애를 쓰는가 역시 영향을 받습니다. 나름대로 자기주장을 하면서 살아왔는지 아닌지에 따라서도 달라집니다. 나의 말을 잘 들어주는 사람이 있었는가의 여부 또는 눈치를 보는 편인가, 그렇지 않은가에 따라 또 변화합니다.

애착이 안정적으로 형성되었다면 대인관계를 맺는 것이 덜 어려웠을 겁니다. 관계가 어렵지 않으니 예민한 성격보다는 무던한 성격이 되지요. 그 덕분에 스트레스를 덜 받으면서 자기 일에 집중하여 원하는 만큼의 성취를 이룰 가능성이 높아집니다. 반대로 애착이 불안정적으로 형성되었다면 마음속에 불안이 뿌리내린 시선으로 세상을 바라봅니다. 사소한 일에도 예민해지고 자기 일에 집중하는 데 한계가 생깁니다.

지나치게 좋은 사람이 되고자 애를 쓴다면 타인의 시선을 의식해서 행동합니다. 기준을 자신이 아닌 타인에게 두다 보면 아무래도 부족한 자기의 단면을 찾게 됩니다. 결국 자신감이 떨어지겠지요. 타인이 마음속에 정해 놓은 기준은 맞추기가 거의 불가능합니다. 관계가 점점 어려울 수밖에 없죠. 하지만 우선 나에게 좋은 사람이 되기로 결심한다면 기준이 자신이기 때문에 어떤 행동이 나를 만족시키는지 정확하게 아니까, 자신을 깎아내리는 일이 적습니다.

살아오면서 경험한 모든 순간은 정신의 영역에 차곡차곡 쌓입니다. 부모님 눈에 비친 나의 모습, 내 행동에 대한 타인의 반응, 내 생각을 말했을 때의 경험, 어떤 일을 주도적으로 해 보았는가, 근면하고 성실한 태도로 임해 보았는가 등 누적된 경험은 끊임없이 움직이면서 내가 어떤 생각과 행동을 하려고 할 때마다 방향을 설정합니다.

내 손으로 다시 만들자

지금 내 모습은 내가 살아온 시간만큼 쌓인 경험의 결과물입니다. 좀 더 나은 경험으로 삶을 채워 나간다면 내일의 나는 오늘의 나와 사뭇 다를 수 있습니다. <u>새로운 경험은 새로운 나를 만들어 낼 테니까요.</u> 사실 억지로 만들려고 하지 않아도 사람은 끊임없이 변화합니다. 이 책을 읽고 '나를 사랑하자'라는 마음을 먹었다면, 읽기 전과 읽은 후의 나는 다릅니다.

변화의 필연성을 인정하고 타인에게 좋은 사람이기보다는 나에게 좋은 사람이 되어 보면 좋겠습니다. 나를 비난하기보다 나를 사랑하고 존중하는 방향이면 좋겠습니다. 나를 사랑하고 존중하는 태도는 수동적으로 만들어진 '나'에서, 본래의 타고난 '나'로 돌아가게 합니다.

칼 로저스와 제롬 프라이버그는 '진짜 나'를 찾는 일은 결과라기보다는 과정이라고 말했습니다. 그리고 그 과정에서 해야 할 일을 몇 가지 제안했습니다. 우선은 가면 뒤로 숨지 않고 있는 그대로의 나를 포용하면 좋습니다. 이기적이고 거칠어서 용납하기 어려운 감정부터, 건전하고 사회적으로 용인되는 감정까지 복잡하고 다양한 모습을 지니고 있다는 점을 인정하고 수용하는 거지요.

우리는 의존적일 때도 있고, 사랑을 갈구하고, 화가 나면 엉뚱한 사람에게 화풀이하기도 합니다. 누군가를 미워하거나 게으름을 피우기도 하죠. 이런저런 모습이 '나'인 거지요. 좋은 경험이든 아니든 모든 경험을 소중히 여기면서, 거부하거나 미워하지 않고 있는 그대로 받아들일 때 온전한 나를 발견할 수 있다고 했습니다. 칼 로저스와 제롬 프라이버그는 이것이 자기를 발견하면서 성장하는 방법이라고 강조하였습니다.[8]

'진짜 나' 또는 '온전한 나'를 찾고 수용하면 자신에 대한 개념이 변화합니다. 새롭게 변화된 개념은 거기에 맞는 행동으로 이어집니다. 과거에 다른 사람을 미워하고 화를 내는 자신의 모습을 거부했다면, 그것이 얼마나 인간적인 모습인가를 깨달으면서 자신을 미워하지 않게 됩니다. 나를 수용하면, 다른 사람이 나와 같은 모습을 보일 때 지나치게 비판적이거나 비난하지 않게 되겠지요. 나와 타인에게 관대해집니다.

좋은 사람으로 남고 싶은 마음과 눈치 보는 태도는 타인과 관계를 맺으면서, 어떤 일을 겪으면서 형성되었을 가능성이 있습니다. 본래의 내가 아닌 거지요.

'진짜 나'라는 느낌을 느껴 보는 것을 목표로 '진짜 나'에게 돌아가는 여정을 떠나보면 어떨까요? 내가 좋아하는 일을 찾아내고 실천해서 좋은 경험을 쌓아가면 됩니다. 또 싫을 때는 싫은 대로 받아들이면 됩니다. '온전한 나'의 상태에 머무는 순간에서 오는 편안함과 잔잔한 기쁨을 맛보세요.

나에게
너그러워지자

　사람들은 좋은 모습에 대해서 인정받고 싶어 하고, 단점이라고 생각하는 부분은 숨기기를 원합니다. '나'라는 사람은 참으로 다채롭게 구성되어 있습니다. 마냥 철없이 살고 싶고, 내 마음대로만 하고 싶은 본능에 휘둘릴 때가 있습니다. 너그러울 때도 있지만 분노가 치밀어 오를 때도 있습니다. 밝게 웃으며 지내다가도 우울감에 푹 빠져버릴 때도 있습니다. 누군가를 돕는 삶을 살고 싶다가도 나만 생각하면서 살고 싶은 마음이 들기도 합니다.

때로 우리는 자신에게 너무 가혹하다는 생각이 듭니다. 화를 내서는 안 되고, 이기적으로 살면 안 되고, 울어서도 안 되고, 누구를 미워해서도 안 된다고 생각하지요. 가끔 신이 계시다면 소리쳐 물어보고 싶습니다.

'나는 그런 마음들이 올라오는데 어찌해야 하는가? 애초에 인간의 마음에 그런 못난 생각들을 만들지 않았다면 괴롭지 않았을 텐데, 이미 내 안에 존재해 있는데 어찌하란 말인가?'

애초에 우리는 잘못 배웠습니다. 그런 것들을 나쁜 마음이라고 배웠습니다. 배워가는 과정에서 잘못된 선입견이 생겨버린 거지요. 이런 마음이 잘못된 것이라고 가르치는 사람은 갈등에 대해 대처하는 방법을 잘 몰라서 그렇게 가르쳤을 거예요. 그렇게 가르친 사람도 잘못 배운 거죠. 대처하는 방법을 모르니까 그저 안 된다고 가르치는 거죠. 화내지 말라고 가르치는 사람도 화나는 일을 경험했을 겁니다. 미워하면 안 된다고 말하는 사람도 마음속에서 누군가를 엄청나게 미워해 본 적이 있었을 겁니다.

무엇이든 내 안에서 올라오는 마음은 자연스럽고 당연하다는 진리를 받아들이고, 나는 부정적인 마음을 먹어도 되는 사람이라는 점을 깨달아야 합니다. 자꾸 받아들이고, 스스로에 괜찮다고 위로해 주어야 합니다.

실수해도 괜찮습니다.
누군가를 미워해도 괜찮습니다.
옆 사람이 힘들어할 때 돕지 않아도 괜찮습니다.
오늘 해야 하는 일에 집중하지 않았어도 괜찮습니다.
잘 해내지 않았어도 괜찮습니다.

자신에게 너그러웠으면 좋겠습니다. 어떤 마음이 올라오든 '그럴 수 있지'라고 받아들이면 좋겠습니다. 진정한 수용이 일어나면 마음이 차분해집니다. 바로 이 순간 '진짜 나'가 움직이기 시작하면서 옳은 방향으로 자신을 인도합니다. 불편한 감정과 대면하는 나를 칭찬해 주고, 방향을 잘 찾아가길 바랍니다. 잊지 마세요. 문제 해결의 첫 단추는 '나'를 수용하고 인정하면서 너그러운 마음을 갖는 일입니다.

내 목소리를 외면했던
지난날에 안녕을 고하다

'지구상에서 가장 거리가 먼 사람이 나네.'

한참 분석을 받으며 저의 내면을 만나던 때에 떠올랐던 생각입니다. 당시에 저한테 가장 중요한 일은, '엄마 역할 제대로 해내기'였습니다. 제가 어린 시절에는 엄마가 너무 바쁘셔서 발달단계에 맞는 돌봄을 주지 못하셨어요. 엄마 역할은 엄마를 통해 배우기 마련인데, 충분히 기능하는 엄마를 경험하지 못했으니, 어떻게 하는 건지 도통 알 수가 없더라고요. 그래서 더 열심히 공부하고 저를 분석했었습니다. 아이들에게 엄마다운 엄마가 되고 싶었거든요.

엄마라는 이름을 제대로 갖추기 위해서 선행되는 작업은 결국 나에 대해 제대로 아는 일이었습니다. 탐색하는 과정에서 너무나 많은 저의 모습을 새롭게 알게 되었어요. 한탄할 만한 모습이 참 많았습니다. 인상적이었던 건 제 욕구에 대해 잘 모르고, 알아도 항상 뒷순위로 미룬다는 것이었습니다. 아이들이나 다른 가족의 필요는 잘 알아차리고 채워 주는데, 정작 나를 채우는 일은 아예 생각도 못 했어요. 마치 뇌가 그 부분에 한해서는 고장 난 것처럼요. 이러한 점들을 깨달았지만 제 욕구는 뒷전이었습니다. 아이들의 욕구를 채우는 것만 해도 벅찼거든요.

좋은 건 나부터

어느 날 아이 유치원 원장님께서 말씀하셨어요. 엄마 자신을 먼저 챙기라고요. 밥을 먹을 때도 가장 예쁜 그릇에 예쁜 상차림을 해서 먹으라고 말씀하셨어요. 저는 이 말을 들으면서 코웃음을 쳤어요.

'그 시간에 잠을 자겠다. 나한테 예쁜 걸 주자고 또 내가 무엇을 해야 하는데! 뭘 하나 더하는 것 자체가 버겁고 싫다.'

오랜 시간을 그렇게 살았어요. 나보다는 내 모성을 더 중시하면서 살았습니다. 살면서 가끔 이 말씀이 떠올랐습니다. 그리고 물어보았습니다.

'그 시절로 돌아가면 나는 달라질까?'

그렇지는 않더라고요. 같은 행동을 할 거예요. 가족을 위해 최선을 다했을 때, 편안함과 즐거움을 느끼는 가족을 볼 때 참 행복하거든요. 가끔은 '너무 희생적으로 살지 않나?'라는 생각이 들 때도 있지만 밝게 지내면서 각자 좋아하는 일을 찾아서 매진하는 가족을 보면 더할 나위 없이 기분이 좋아요.
다른 마음도 있었어요. 가끔은 절망스러웠습니다. 나는 가족의 욕구를 꽉꽉 채워 주는데, 저를 채워 줄 사람이 없다고 느꼈으니까요. 저한테 요구하는 사람만 있지, 저를 봐주는 사람은 없었어요. 가족이 웃는 모습을 보면 저도 행복했지만 공허하거나 외로움을 느낄 때도 있었어요. 그럴 땐 가족이 원망스러웠습니다.

공허함이나 외로움과 같은 감정에 휘둘릴 때 원장님 말씀이 생각났어요. 자신을 챙기라는 그 말이 한번씩 가슴을 울렸어요. 그러면서 제 행동이 머릿속에 그려졌습니다. 제 마음속 깊은 곳에서 원하는 것이 올라올 때마다 매몰차게 고개를 돌려 버리는 제 모습이 파노라마처럼 지나갔습니다. 그때 알았어요.

'나는 나의 말을 참 안 들어주는구나. 나를 위한 말조차 외면하는 게 나구나.'

지난 시간이 주마등처럼 스쳐갔습니다. 학교에 다닐 때, 미래를 꿈꿀 때, 아플 때, 소망을 가질 때처럼 나를 위해 무언가를 해야 할 때마다 슬그머니 고개를 돌렸습니다. 가족이 나를 봐주지 않아서 외로웠던 게 아니라 내가 나를 외롭게 만들었다는 것을 깨달았습니다.

삶의 만족은 내가 나한테 주자

깨닫고 나서 결심했습니다.

'내 목소리를 가장 잘 들어주는 사람이 되자.'

그래서 저를 만족시키는 행동으로 삶을 채웠습니다. 작은 일부터 실천했더니 삶 전체가 달라졌습니다. 오롯이 혼자만의 시간을 보내며, 계절마다 예쁜 풍경을 만드는 길을 거닐며 생각했습니다.

'나한테 좋은 일을 하자. 내가 불편한 일은 하지 말자!'

이 생각은 지금 제 행동의 기준이 되었습니다. 원장님의 말이 지속적으로 떠오른 건 저에게 최선을 다하지 못하는 제 모습을 알았기 때문인 듯합니다. 자신을 챙기라는 말에 대해서, 나를 챙기는 일이 무엇인지에 대해서 깊이 고민했습니다. 예쁜 그릇에 음식을 담아 먹든, 쉼을 갖든 나를 위해 제일 나은 선택을 하는 것이 중요합니다. 내 속에서 울리는 목소리를 지구 반대편의 소리처럼 여기는 태도가 있다면 버려야 합니다. 내 말을 가장 잘 들어주는 사람은 그 누구도 아닌 내가 되어 보면 어떨까요? 오늘부터 나를 가장 귀하게 대하는 사람, 내 말을 가장 잘 들어주는 사람이 되어 보세요.

세상이 아닌 나를 중심으로
삶의 방식을 조율하자

　어린 시절에는 '안 돼'라는 말을 수없이 들으면서 성장합니다. 아이는 자신의 욕구에 따라 행동하고, 어른은 나름대로 설정한 기준을 가지고 '안 된다'라고 말합니다. 간혹 어른들의 제지에도 불구하고 어떤 일이 있어도 욕구를 성취해 내는 아이들을 볼 수 있습니다.

　《안 돼! 데이빗》이라는 동화책을 읽은 적이 있어요. 이 책을 읽는 내내 통쾌하고 시원했습니다. 지금도 이 책을 떠올리니 입가에 미소가 절로 지어집니다. 주인공 데이빗은 물고기가 있는 어항을 쏟고, 프라이팬을 시끄럽게 두드리며 놉니다. 야구방망이를 휘둘러서 집안의 물건을 깨뜨립니다. 매일 혼나고 꾸지람을 듣지요. 그래도 항상 입가에 웃음이 가득하고 활기찹니다. 데이빗이 말썽꾸러기인 것은 틀림없지만 정말 사랑스럽게 느껴지고, 행동을 보고 있노라면 웃음이 납니다. 이유는 어른에게도 이렇게 자유롭게 표현하고 행동하고 싶은 마음이 있어서일 겁니다.

우리는 성장하면서 사회적 기준을 받아들이고 내면화합니다. 그러면서 자유로운 표현으로부터 점점 멀어집니다. 관계, 맥락, 상황, 역할, 규범 등을 고려하면서 표현과 행동을 조절하면서 살아갑니다. 그런데 이때 나를 너무 옥죄게 될 수 있습니다.

적절한 조절이 중요합니다. 성인이 어린아이처럼 행동할 수는 없지요. 조절이라는 단어보다 더 중요한 말은 '적절한'입니다. 만일 진짜 내가 원하는 대로 살고 있는지 의문이 든다면, 삶이 버티기 힘들 정도로 어렵게 느껴진다면, 우울감이나 불안한 감정에 휘둘리고 있다면 의심해 보아야 합니다. '적절히' 조절하면서 살아가고 있는가? '적절함'의 기준이 뭔지 모르겠다는 생각이 들었다면, 역시 잘살고 있는가에 대한 의심이 요구됩니다.

적절한 조절은 여러 가지 의미를 담고 있습니다. 참는 능력도 포함하지만 표현하는 능력도 포함합니다. 둘 중 하나를 선택하는 것이 아니라 둘 모두가 필요합니다. 참는 능력과 표현하는 능력 중에서 어떤 부분이 먼저 발달할까요? 마음의 발달도 몸의 발달처럼 순서가 정해져 있습니다. 표현하는 능력이 먼저 발달합니다.

갓난아기를 떠올리면 쉽습니다. 아기가 할 일은 딱 하나입니다. '욕구를 채우는 일'이죠. 열심히 표현해서 욕구를 최대한 채워야 건강한 성인으로 자랄 수 있습니다. 그래서 아기는 울음과 몸짓이라는 표현으로 생존에 필요한 것들을 열심히 획득합니다.

적절히 조절하는 능력은 욕구를 만족스럽게 채웠을 때 발현이 가능해요. 표현해서 채우고 나면 참을 수 있는 능력이 발달하기 시작합니다. 욕구를 충분히 채운 아기는 세상으로 눈을 돌립니다. 본능에만 충실하던 인간이 자신이 아닌 다른 세계를 보기 시작하는 일은 인간의 정신세계에 큰 지각변동이 일어났음을 의미합니다. 이제 가지고 있는 에너지를 세상과 나누겠다는 뜻이지요. 실로 어마어마한 변화입니다. 지진이 일어나서 지형이 바뀌는 일과 맞먹습니다.

　이제 아이의 눈에 보이는 것이 달라지고, 느끼는 것이 새로워집니다. 사는 세상이 바뀝니다. 세상으로 에너지를 보내는 일은 '나에게만 맞춰달라'는 외침에서 '나도 너희에게 맞춰 볼게'라는 의미를 담고 있지요. 이제는 나의 욕구와 세상의 바람 사이에서 적절히 조절해 가면서 살아가는 태도를 보이는 겁니다.

　성장 과정에서 이 엄청난 일이 벌어지는 데 필요조건이 있습니다. 바로 안정감입니다. 내가 배부르고, 속이 편안하고, 기분이 상쾌해야 시선이 내부 세계가 아닌 외부 세계로 향할 수 있습니다. 내가 편안해야 세상의 기준에 나를 끼워서 맞출 힘이 생기는 거지요. 적절한 조절은 바로 이 순간에 이루어집니다. 당장 내 일이 복잡하고 스트레스가 가득하면 세상과 또 다른 사람과 조율해서 살아가기 어렵습니다.

　특히 사람 사이의 관계는 자기에 대한 표현과 타인에 대한 수용이 끊임없이 순환하는 구조입니다. 아기처럼 '표현이 먼저다'라고 말할 수는 없겠습니다. 하지만 꼭 기억해야 할 게 있습니다. 인간의 발달 과정은 '표현이 먼저였다'와 '획득은 표현을 통해 가능하다'라는 부분입니다.

세상과 소통하는 일도, 타인의 말에 귀를 기울이는 일도 결국은 나를 위한 일이지요. 내가 이 세상에 잘 적응해서 살아가기 위해 하는 일이죠. 내가 무조건 끼워 맞추는 것이 능사가 아닙니다. 내가 원하는 것을 표현할 줄도 알아야 합니다. '말하지 않아도 알겠지'라는 생각은 엄청난 오해입니다. 그런 마음은 내 마음밖에 없습니다. 나는 말해 주지 않는 너의 마음을 알 수가 없고, 상대도 내가 말하지 않으면 나의 마음을 모릅니다.

그동안 세상의 기준에 빗대어 보며 내 목소리를 억눌러 왔다면 이제는 표현할 때입니다. 나를 자꾸 드러내세요. 다른 사람에게 나에 대해 알려 주세요. 이는 나만 생각하는 이기적인 모습이 아니라 타인과 조화를 이루며 살아가기 위한 바탕이 됩니다.

나를 가장 귀하게 대할 수 있는 사람은
바로 '나'

　온전한 나로 돌아가 '진짜 나'로 살아가기, 나를 너그럽게 대하기, 내 목소리에 귀를 기울이기, 스스로 판단하고 결정하기, 내 마음을 표현하기 모두 나를 소중히 대하는 모습입니다. 어쩌면 말이 필요 없을 정도로 당연해 보이는 일들입니다.

　한편 의문이 들어요. '나는 나를 소중히 대하고 있나?' 이 질문에 답하기 위해서 반대의 모습을 떠올려 보면 쉽습니다. 자신을 소중히 대하지 않는 행동이 무엇인지 생각해 보는 거지요. 나를 소중하게 대하지 않는 행동, 말이 좀 추상적이네요.

쉽게 '괴로워 하면서도 지속하는 행동'이라고 생각하면 좋겠습니다. 자신을 괴롭히는 일은 사람마다 다르지만 공통적인 부분은 아래와 같습니다.

- 몸이 버티지 못한다는 것을 알면서도 일이나 취미에 매달리기
- 쉬는 시간 없이 빡빡하게 일정 채우기
- 두통이나 몸의 무거움 등 몸이 보내는 신호 무시하기
- 게임, SNS, 유튜브, 틱톡 등을 계속 들여다보는 자신이 한심해 보이지만 계속하기
- 잘해 놓고 자신을 인정하지 않기
- 과도하게 자신을 비난하기
- 꼭 해야 하는 일을 반복적으로 미루기
- 과식하거나 단식하기
- 과도한 다이어트 또는 성형
- 다른 사람의 눈치를 보면서 자신의 욕구 무시하기
- 하고 싶은 말이나 꼭 해야 하는 말이 있어도 입을 닫기
- 다른 사람이 나한테 기대한다고 생각되는 행동하기
- 자해나 자살 시도

위의 행동들에는 '자기 파괴적인 행동'이라는 말이 붙습니다. 자신의 신체적, 정서적, 사회 관계적 측면에서 해가 되는 행동을 계속 반복합니다. 해가 된다는 점을 알면서도 하고, 무의식적으로 하는 경우도 많습니다. 그 누구도 자신을 파괴하고 싶은 마음은 없습니다. 그런데도 행동을 지속합니다. 이유는 다양합니다.

첫째는 정서적인 불안이나 고통을 경감시키고자 하는 행동일 수도 있습니다. 불안을 달래기 위해 게임이나 SNS에 매달리지요. 그 순간만큼은 잊어버리게 되니까요. 과도하게 먹거나 빡빡한 일정으로 나를 몰아치는 일도 불안에서 도망치는 방법일 수 있습니다. 압도하는 감정을 잠시나마 회피할 수 있으니까요. 나를 비난하는 태도 역시 불안을 달래는 방법이 될 수 있습니다. 타인의 잘못에 대해 말하지 않고 해결할 자신이 없을 때 나를 책망해 버리면 차라리 편해지거든요.

둘째, 대인관계에서 어려움을 느낄 때 나타납니다. 사람들과 잘 지내고 싶은데 번번이 실패하면 사람을 피하고 싶은 마음이 듭니다. 해결을 시도해도 난관에 부딪히니 더욱더 철수하고 싶을 겁니다. 혼자 지내는 시간을 늘리면서 벽을 쌓아가지요. 혼자서 잘 지내면 좋은데, 쉽지 않습니다. 고통이 커지면 자기 파괴적인 행동으로 시선을 돌려 버립니다. 그 순간만큼은 고통을 잊을 수 있으니 그렇습니다.

셋째, 자기를 포기하거나 처벌하는 하나의 방법일 수 있습니다. 정서적인 문제는 나아지지 않고, 대인관계는 어렵고, 이와 관련된 감정은 몰아치는데 벗어날 방법은 보이지 않지요. 도대체 왜 그러는지 이유를 찾지 못할 때 자기를 탓하고 비난하는 방법이 편합니다. 자기 비난이나 자책이 심해지면 처벌하는 방식으로 가기도 합니다. 과도하게 일에 몰두하기, 폭식, 거식, 자해 등의 행동이 이에 해당합니다.

나를 괴롭히는 행동을 하고 있다 해도 나는 태어날 때부터 자신을 괴롭히는 사람으로 태어나지 않았습니다. 어쩌다 보니 이렇게 행동하고 있을 뿐이지요. 조금은 더 잘하고 싶었고, 나아지고 싶었으며, 지금보다 더 잘 살고 싶었을 겁니다. 마음대로 되지 않다 보니 자신을 덜 아끼는 내가 되었습니다.

나를 비난하는 마음이 올라오거나 자기 파괴적인 행동으로 자신을 괴롭힐 때 내가 얼마나 귀한 존재인가 생각해 보면 좋겠습니다. 세계인권선언문 제1조에 이렇게 나와 있습니다.

"모든 인간은 태어날 때부터 자유로우며 그 존엄과 권리에 있어 동등하다."

    나는 자유로운 사람입니다. 존엄한 인간입니다. 다른 사람과 동등한 권리를 가지고 있습니다. 이 모든 것은 누구도 내 손에 쥐여 주지 않습니다. <u>스스로</u> 찾고 가져야 합니다.

    나는 세상에 단 하나뿐인 고유한 존재입니다. 이 세상에 나만큼 나를 아는 사람이 없고, 나만큼 나를 아낄 수 있는 사람이 없습니다. 오로지 나만이 가능합니다. 행복하게 살고 싶다면, 관계를 잘하고 싶다면, 건강하게 살고 싶다면 나를 소중히 여기세요. 나를 가장 귀하게 대할 수 있는 사람은 바로 '나'라는 점을 잊지 마세요.

행복의 시작점은
나에게 있다

인류학자인 에드워드 홀이 이야기한 '공간의 역학'이라는 개념이 있습니다.

홀은 인간관계를 4가지의 범주로 나눕니다. 친밀한 거리, 개인적 거리, 사회적 거리, 공적 거리로 나누어서 공간적 경계를 강조했습니다.

<u>친밀한 거리</u>는 한쪽 팔을 뻗었을 때 안쪽 거리입니다. 사랑을 나누고, 맞붙어 싸워 주고, 위로와 보호를 제공하는 거리입니다. 가족, 연인, 지극히 친한 친구가 해당합니다.

개인적 거리는 양팔을 뻗은 정도까지의 거리를 말합니다. 어느 정도의 호감이 있는 관계, 친구나 동료가 해당합니다.

사회적 거리는 양팔을 뻗은 범위를 넘어서 3.6m 정도의 거리입니다. 낯선 사람, 동료, 직장 상사 등이 해당합니다.

공적 거리는 3.6m 이상을 유지하는 관계로서 강연이나 공적 행사 등에서 만나는 사람들과의 거리입니다.

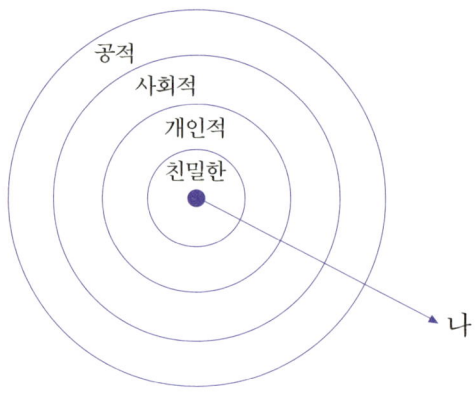

홀의 거리 개념은 한 사람과의 관계에서 절대적으로 작용하지 않고 유동적입니다. 아내와 남편과의 관계를 적용해서 생각해 보겠습니다. 부부는 친밀한 거리의 관계에 해당하지만 두 사람이 맺어가는 형태에 따라 개인적 거리를 유지할 때도 있고, 사회적, 공적 거리가 적용될 때도 있습니다. 아예 친밀한 거리 안으로 들어가지 못하는 부부도 있을 겁니다. 부부 관계에 개인적, 사회적, 공적 거리가 적용되는 건 문제가 아니지만 친밀한 거리에 속하지 않는다면 문제가 될 수 있습니다.

주변을 돌아보면서 내가 맺어가는 관계들을 한번 정리해 보는 것도 도움됩니다. 친밀한 관계를 맺고 있는 사람들에 대해 적절하게 관계를 맺고 있는지, 거리가 너무 멀거나 가깝지는 않은지에 대해서도 점검해 보세요.

그림을 잘 살펴보세요. 가운뎃점이 나라고 생각하고 주변 사람들과의 관계를 떠올려 보세요. 나랑 가장 가까운 사람은 누구인가요? 나와 가장 많은 시간을 보내는 사람은 누구일까요? 바로 '나'지요. 나는 나와 24시간을 함께 보냅니다. 나와 절대로 떼려야 뗄 수 없습니다. 그다음 시간을 많이 보내는 사람은 가족입니다. 하루 중 3분의 1에서 절반 정도를 함께 보냅니다.

그렇다면 누구한테 가장 잘 대해 주어야 할까요? 우리가 가장 소중히 여기면서 존중해 주고 사랑해 주어야 하는 사람은 누구인가요? 답은 너무 쉽습니다. 나와 가장 가까이 있고 나와 시간을 많이 보내는 사람, 바로 '나'입니다. 이 세상에서 내가 가장 존중할 사람은 바로 '나'죠. 세상의 중심은 바로 나이고,

나는 나로 인해 기쁘고 행복합니다. 당연히 나를 아껴야겠네요. 나 다음으로 소중하게 대할 대상은 가족, 연인, 친한 친구가 해당합니다. 가까운 사람일수록 잘해 주어야 합니다. 그래야 나에게 행복이 돌아옵니다.

간혹 반대로 하는 분들이 있습니다. 나 자신은 무시하고 남에게 더 잘하는 분들이 너무나 많습니다. 또, 가족한테는 함부로 대하면서 몇 번 만나지 않은 사람에게 더 친절합니다. 잘못되었어요. 거리가 있는 남한테만 친절해 봤자 돌아오는 게 별로 없습니다. 나와 가족에게 더 친절하고, 예쁜 말을 하고, 존중하는 태도를 보여야 합니다. 이것이 내 삶의 질을 향상하는 일입니다.

자신과 타인의 사랑으로
나의 삶을 물들이자

　나를 사랑하는 일은 2단계의 과정을 통해 발달합니다. 1단계의 과정을 일차적 자기애라고 하고, 2단계의 과정을 이차적 자기애라고 합니다. 일차적 자기애와 이차적 자기애는 둘 다 나를 사랑하는 일이지만 약간의 다른 양상을 가지고 있습니다.

　일차적 자기애는 세상과 아직은 상호작용을 하지 못하는 시기에 발달합니다. 여기서 세상이란 엄마, 아빠, 주변 사람들, 환경 등을 말합니다. 이때에는 아직 세상을 제대로 인식하지 못해서 자신에게만 에너지를 집중시킬 수 있습니다. 가장 가까운 엄마나 아빠의 상황을 고려하지 못하고 자신만 사랑하는 단계입니다.

이차적 자기애는 자신을 사랑하는 측면에서는 같지만 세상과의 상호작용 속에서 발달합니다. 다른 사람의 눈에 비친 나를 사랑하는 거지요. 엄마, 아빠가 나를 보고 웃어 주면, 그 눈에 담긴 내가 사랑스러운 사람처럼 느껴집니다. 따뜻한 손길로 나를 대해 주면 그런 내가 괜찮은 아이로 여겨집니다.

정리하자면 일차적 자기애는 나를 통한 나에 대한 사랑이고, 이차적 자기애는 다른 사람을 통한 나에 대한 사랑입니다.

일차적 자기애만 발달하면 이기적이고 나르시시스틱해서 타인과 교류하지 못하고 혼자만의 세상에서 살아갑니다. 이차적 자기애만 발달하면 과도하게 타인의 눈치를 보고 타인의 인정과 평가에 매달리면서, 내가 없는 것 같은 느낌 속에서 살아갑니다.

<u>내게서 우러나오는 나에 대한 사랑도 중요하고, 다른 사람을 통해 느끼는 사랑도 중요합니다.</u> 둘 중 어떤 사랑이 더 중요한가에 대한 물음조차 필요치 않습니다. 다 중요합니다. 나와 타인을 통해 나를 사랑하고 소중히 여기는 태도를 익히고,

나 또한 타인을 그렇게 대해야 합니다. 내가 다른 사람을 소중하게 대하면 다른 사람들도 나를 소중하게 대합니다. 다른 사람과 교류하면서 느껴지는 자기애는 세상을 당차게 살아갈 수 있는 자신감으로 전환됩니다.

'고통은 나누면 반이 되고, 기쁨은 나누면 두 배가 된다'라는 말이 있습니다. 소중한 사람들은 나에게 안전한 피난처가 되어주기도 하고, 내 스트레스나 고통을 함께 짊어지기도 합니다. 소중한 사람은 나의 즐거움을 공유하면서 기쁨을 키워갈 수 있는 대상이기도 합니다.

일차적 자기애와 이차적 자기애가 모두 잘 발달한 사람들은 힘들 때 사람을 찾아갑니다. 털어놓고 의논하는 것만으로도 도움이 되니까요. 타인과의 관계 속에서 공감받는 느낌, 위로받는 느낌, 지지받는 느낌, 함께하는 느낌에 주목해 보세요. 따뜻함과 안정감으로 마음이 충만해집니다. 결국 사람이 삶에서 필요한 에너지의 원천인 셈이지요.

매 순간
나부터 사랑하겠다는 결심

중세 신학자이자 철학자 마이스터 에크하르트는 "자신을 사랑한다면 모든 사람을 자신을 사랑하듯 사랑할 수 있고, 자신보다 다른 사람을 더 사랑한다면 스스로를 사랑하지 못할 것이다"라고 했습니다. 정신분석학자 에리히 프롬은 여기에 덧붙여 "인간 개념에는 나 자신이 포함된다. 이웃을 사랑하라는 신의 말씀이 덕이라면, 나 역시 인간이므로 나를 사랑하는 일은 미덕이어야 한다"라고 했습니다. 이들은 사랑은 나로부터 시작하며, 다른 사람을 사랑하는 것은 자신에 대한 사랑이 확장된 상태라는 점을 강조하였습니다.

중세 시대나 지금이나 자신보다 타인을 먼저 배려하면서 눈치 보는 사람이 많은 모양입니다. 하지만 나를 먼저 사랑해야 하는 이유는 분명합니다. 나를 사랑하지 않으면 마음속 어딘가 공허하고, 내가 하는 말이나 행동에 의구심이 생깁니다. 나에 대한 의심을 가진 상태에서 다른 사람과 관계한다고 생각해 보세요. 상대는 나를 믿을 수 있을까요? 자신을 사랑하지 않는 사람을 신뢰할 수 있나요? 두 학자가 자신을 먼저 사랑해야 한다고 강조한 이유일 겁니다.

나를 사랑하기 위해서는 2가지의 태도가 필요합니다. 첫째, 나를 아끼는 마음을 가져야 합니다. 둘째, 다른 사람의 사랑을 받아들이는 자세가 필요합니다. 당연하게 들리겠지만 이런 마음을 품지 못하는 사람이 아주 많습니다.

나를 아끼는 마음은 자신과 잘 지내고 사랑할 때 우러나옵니다. 나 자신과 잘 지내지 못하면, 자신의 일부를 미워하거나 거부하지요. 그러면 자신의 부족한 부분을 채우기 위해서 다른 사람에게 매달려야 합니다. 이런 식으로 사랑을 채우려는 모습은 구멍 난 항아리에 물을 채우는 일과 비슷합니다. 아무리 채워도 채울 수 없어요. 마음 한쪽이 비어 있으니까요.

나를 한껏 사랑하기

다른 사람의 사랑을 받기 위해서는 '나는 사랑받을 만한 사람이고, 사랑받을 자격이 있다'라는 점을 인정해야 합니다. 아무리 다른 사람이 나를 사랑할지라도 내가 받아들이지 않으면, 사랑이 나에게 닿지 않습니다. 나에 대한 사랑을 한 뼘만큼 허락하면 한 뼘만큼의 사랑이 들어옵니다. 양팔 벌려 한껏 허락하면 그 품만큼의 사랑이 들어옵니다. 그렇다면 결심해야겠네요.

"매 순간 나를 아끼자!"
"이 세상에서 나를 가장 사랑하자!"
이 다짐을 마음에 새기고 작은 일부터 하나하나 실천해 나가면 됩니다. 나에 대한 존중감이 쌓이고 쌓여 귀중한 존재라는 느낌이 마음 깊은 곳에 움틀 겁니다. 사랑을 실천할 때 3가지를 기억하면 좋겠습니다.

작은 일상부터 시작한다.
구체적인 내용을 설정한다.

반복적으로 실천한다.

행동으로 옮길 수 있는 것들을 몇 가지 말씀드려 볼게요.

- 몸에서 오는 감각에 집중하기
- 내 몸 돌보기
- 내 감정을 무시하지 않기
- 불편한 마음에 솔직해지기
- 불편한 상황에서 재빨리 구출하기
- 내가 하는 행동에 대해 비난보다 칭찬해 주기
- 실수하더라도 너그럽게 봐주기
- 책상 정리, 쓰레기 버리기 등 작은 일을 하더라도 칭찬해 주기
- 기분 좋은 일을 찾아서 자꾸 경험시켜 주기
- 다른 사람에게 받고 싶은 것은 스스로 해 주기
- 좋은 감정을 타인에게 전하기
- 좋은 사람을 옆에 두기

좋은 일은 자꾸 경험시켜 줘야 합니다. 우리 뇌는 자극이 오

면 바로 반응합니다. 좋은 일을 체험했을 때 그 감각을 오래 유지하고 싶지만 다른 자극이 오면 그에 반응하느라고 쉽게 잊어버립니다. 그러니 굳은살이 생길 정도로 자꾸 경험시켜 줘야 합니다. 처음 실천할 때는 노력이 필요해서 힘들 수 있지만 반복하면 습관으로 자리 잡습니다. 습관이 되었을 때는 노력하지 않아도 매 순간 나를 사랑하면서 살아가는 나를 발견하게 될 겁니다.

참고 문헌

1 하빌 헨드릭스 & 헬렌 라켈리 헌트, 《이마고》, 학지사, p86~90.

2 도널드 W. 위니컷, 《울타리와 공간》, 한국심리치료연구소, p81.

3 에노모토 히로아키, 《인정욕구》, FIKA, p151.

4 재키 마슨, 《모두에게 사랑받을 필요는 없다》, 윌컴퍼니, p13.

5 도널드 W. 위니컷, 《울타리와 공간》, 한국심리치료연구소, p66~68.

6 한겨레신문, 〈우울한 당신, 완벽주의거나 꿍하거나〉, https://www.hani.co.kr/arti/society/health/414567.html

7 김선경, 「대학생이 지각한 어머니의 과보호적 양육태도가 대인불안에 미치는 영향 : 거부민감성 매개효과」, 숙명여자대학교 석사학위논문(2018)

8 칼 로저스 & 제롬 프라이버그, 《학습의 자유》, 시그마프레스, p82

나는 나에게 가장 좋은 사람이 되기로 했다

초판 발행	2025년 10월 15일
지은이	김선경
펴낸곳	다른상상
등록번호	제399-2018-000014호
전화	02)3661-5964
팩스	02)6008-5964
전자우편	darunsangsang@naver.com
ISBN	979-11-93808-35-1 03190

잘못된 책은 바꿔 드립니다.
책값은 뒤표지에 있습니다.

독자 여러분의 책에 관한 아이디어나 원고 투고를 설레는 마음으로 기다리고 있습니다.
이메일로 간단한 개요와 취지, 연락처를 보내주세요. 독자님과 함께하겠습니다.